ŒUVRES COMPLÈTES

DE

SIR WALTER SCOTT.

Traduction Nouvelle.

PARIS,

CHARLES GOSSELIN ET A. SAUTELET ET C°

LIBRAIRES-ÉDITEURS.

M DCCC XXVII.

ŒUVRES COMPLÈTES

DE

SIR WALTER SCOTT.

TOME CINQUANTE-QUATRIÈME.

IMPRIMERIE DE H. FOURNIER,
RUE DE SEINE, N° 14.

PEVERIL
DU PIC.

—

« Si mes lecteurs venaient à remarquer que par
» moment je suis ennuyeux, ils peuvent être
» persuadés que ce n'est pas sans quelque secret
» motif. »

Les Moralistes Anglais.

TOME QUATRIÈME.

—

(Peveril of the Peak.)

PEVERIL DU PIC.

(Peveril of the Peak.)

CHAPITRE XXXVI.

« Petit homme, il est vrai, mais tout rempli d'orgueil. »
ALLAN RAMSAY.

PEVERIL était si troublé du départ de l'être invisible qui lui rendait des visites, que, pendant assez longtemps, il lui fut impossible de goûter le sommeil. Il se promit bien de découvrir et de livrer le démon nocturne qui ne venait interrompre son repos que pour ajouter du fiel à l'amertume dont il était déjà abreuvé.

et pour verser du poison sur des blessures déjà si douloureuses. Il le menaçait dans sa colère de toute la vengeance que la captivité lui permettrait d'exercer. Il résolut de faire un examen plus sérieux et plus attentif de toute sa chambre, de manière à découvrir le moyen qu'employait pour y entrer l'être qui venait le tourmenter, l'issue en fût-elle aussi imperceptible que le trou d'une tarière. Si sa recherche n'aboutissait à rien, il informerait de tout ce qui s'était passé le geôlier de la prison, à qui il ne pouvait pas être indifférent de savoir que ses cachots n'étaient pas impénétrables. Il verrait bien dans ses yeux s'il était instruit de ces visites; et, en ce cas, il le dénoncerait lui-même aux magistrats, aux juges, à la chambre des communes; et c'était le plus doux de tous les moyens de vengeance que le dépit lui suggérait. Le sommeil et la fatigue l'emportèrent enfin sur tous ces projets; et, comme cela arrive souvent, la lumière du jour le ramena à des résolutions plus calmes.

Il réfléchit alors qu'il n'avait aucune raison positive pour attribuer les visites de l'être dont il avait entendu la voix, à des motifs annonçant une malveillance décidée, quoiqu'il ne lui eût guère donné lieu de se flatter qu'il pourrait en obtenir quelques secours pour ce qu'il avait le plus à cœur. En ce qui le concernait, il avait trouvé en lui une compassion véritable, un intérêt bien prononcé; si, en profitant de ces sentimens, il venait à recouvrer sa liberté, il pourrait, dès qu'il l'aurait obtenue, l'employer au service de ceux dont la situation lui inspirait bien plus d'inquiétude que la sienne.

—J'ai agi comme un insensé, se dit-il à lui-même : j'aurais dû temporiser avec cet être singulier pour apprendre les motifs de l'intérêt qu'il semble prendre à mon sort, et tâcher de profiter de ses secours, si je pouvais les obtenir sans qu'il y attachât aucune condition que l'honneur me défendît d'accepter. J'aurais toujours eu le temps de refuser son intervention, quand j'aurais su quel prix il y mettait.

Tout en parlant ainsi, il formait un plan pour mettre plus de prudence à l'avenir dans ses relations avec cet être inconnu, si sa voix se faisait entendre de nouveau. Mais ses méditations furent interrompues par Geoffrey Hudson, qui lui déclara que, s'étant occupé la veille de tous les soins qu'exigeait leur habitation commune, c'était à lui à en faire autant à son tour, pendant tout le jour qui commençait.

Peveril ne pouvait se refuser à une demande si raisonnable. Il se leva donc, et se mit à tout ranger dans leur prison, tandis que le nain, perché sur une chaise, et ayant ses pieds à plus de six pouces de la terre, pinçait avec un air de langueur et d'aimable aisance les cordes d'une vieille guitare, en chantant des chansons espagnoles, moresques et françaises. A la fin de chacune, il ne manquait pas de l'expliquer à Julien, soit en lui en donnant la traduction, soit en lui racontant l'anecdote historique qui en était le sujet. Il en chanta même une qui avait rapport à sa propre histoire et à l'accident qui l'avait fait entrer captif à Maroc, après avoir été pris par un corsaire de Salé.

Cette époque de sa vie était pour Hudson une ère féconde en étranges aventures, et, s'il fallait l'en croire, il avait fait des prodiges de galanterie dans le sérail de l'empereur. Mais quoiqu'il y eût peu de personnes en état de lui donner un démenti formel sur des intrigues dont la scène était si éloignée, il courait un bruit, parmi les officiers de la garnison de Tanger, que le tyran more, ne sachant à quoi employer un esclave de cette taille, l'avait forcé à garder le lit pour couver des œufs de dindon. La moindre allusion à cette histoire mettait Hudson hors de lui-même, et la funeste issue de sa querelle avec le jeune Crofts, qui avait payé de sa vie une plaisanterie, faisait qu'on prenait garde de ne pas échauffer la bile du pygmée belliqueux par des railleries inconsidérées.

Tant que Peveril s'occupa de ranger les meubles dans l'appartement, le nain resta fort tranquille, s'amusant comme nous l'avons déjà dit; mais quand il le vit commencer à faire les préparatifs du déjeuner, il sauta à bas de la chaise sur laquelle il était assis en *signor*, au risque de briser sa guitare et de se rompre le cou, en s'écriant qu'il préparerait le déjeuner tous les matins jusqu'au jour du jugement, plutôt que de confier cette tâche importante à une main aussi novice que celle de son compagnon.

Le jeune homme céda volontiers ce soin au petit chevalier, et il ne fit que sourire en l'entendant dire avec humeur que, quoique M. Peveril ne fût que de moyenne taille, il était presque aussi stupide qu'un géant. Pendant qu'il donnait toute son attention à cette occupation essentielle, Julien examinait la chambre de tous côtés, et cherchait à y découvrir quelque issue secrète qui pût permettre qu'on y pénétrât pendant la nuit, et dont il lui serait peut-être possible de profiter lui-même pour s'évader en cas de besoin. Ses recherches autour des murailles furent inutiles; mais il eut plus de succès quand il porta les yeux sur le plancher.

Tout à côté de son lit, et placé de manière qu'il aurait dû l'apercevoir plus tôt sans la précipitation avec laquelle il avait obéi aux ordres de son compagnon, était un billet cacheté dont l'adresse ne portait que les lettres initiales J. P., ce qui semblait l'assurer qu'il lui était destiné. Il saisit l'occasion de l'ouvrir, tandis que le nain était tout occupé de sa soupe, et donnait toute son attention à une affaire qu'il regardait, de même que bien des gens plus grands et plus sages que lui, comme une des principales nécessités de la vie, de sorte que, sans être remarqué et sans exciter sa curiosité, il lut ce qui suit :

« Quelque imprudent et quelque inconsidéré que vous soyez, il existe quelqu'un qui sacrifierait tout pour vous arracher à votre destinée. Vous devez être demain transféré à la Tour, où votre vie ne peut être assurée pour un seul jour, car, pendant le peu d'heures que vous avez passées à Londres, vous vous êtes fait un ennemi dont le ressentiment ne s'éteint pas facilement. Vous n'avez qu'une chance de salut, c'est de renoncer à A. B., de ne plus songer à elle, ou, si cela vous est impossible, de n'y songer que comme à un être que vous ne pouvez jamais revoir. Si votre cœur peut se déterminer à abjurer un attachement auquel il n'aurait jamais dû se livrer, et que vous ne pouvez nourrir plus long-temps sans folie, faites connaître que vous acceptez cette condition, en mettant à votre chapeau une plume blanche, un ruban blanc, n'importe quel objet de cette couleur que vous pourrez vous procurer. En ce cas, une barque viendra heurter, comme par accident, celle qui doit vous transporter à la Tour; dans ce moment de confusion, sautez dans la Tamise, traversez le fleuve à la nage, et prenez terre sur la rive opposée, du côté de Southwark. Des amis vous y attendront pour favoriser votre évasion, et vous vous trouverez avec quelqu'un qui perdrait tout au monde et même sa vie, plutôt que de souffrir qu'on arrachât un seul cheveu de votre tête, mais qui, si vous refusez de suivre ses avis, ne pensera plus à vous que comme à un insensé, méritant de périr dans sa folie. Puisse le ciel vous inspirer le seul parti qui convienne à votre situation! c'est la prière bien sincère de l'être qui, si vous le voulez, désire être

» VOTRE AMI INCONNU. »

La Tour! C'était un mot inspirant la terreur, plus de terreur qu'une prison ordinaire; car combien de souvenirs de mort présentait ce lugubre édifice! Les exécutions cruelles qu'il avait vues sous les règnes précédens n'étaient peut-être pas aussi nombreuses que les meurtres secrets qui avaient eu lieu dans l'enceinte de ses murailles! Cependant Peveril n'hésita pas un instant sur le parti qu'il devait prendre.—Je partagerai le destin de mon père, s'écria-t-il; je ne pensais qu'à lui lorsqu'on m'a amené ici, je ne penserai pas à autre chose quand je serai enfermé dans cet horrible lieu de détention: c'est sa demeure, et il convient que ce soit aussi celle de son fils. Et toi, Alice, le jour où je renoncerai à toi, puissé-je être regardé comme un traître et un lâche! Loin de moi, faux ami, et subissez le destin réservé aux séducteurs et aux prédicateurs d'hérésie.

Il ne put s'empêcher de prononcer ces derniers mots à haute voix, en jetant dans le feu le billet qu'il venait de lire, avec un air de violence qui fit tressaillir le nain de surprise. — Que dites-vous de brûler les hérétiques, jeune homme? s'écria-t-il; par ma foi, il faut que votre zèle soit plus ardent que le mien, pour que vous parliez ainsi quand les hérétiques forment la grande majorité. Je veux être condamné à avoir six pieds de hauteur, si les hérétiques n'ont pas le dessus! Prenez garde à vos paroles, mon jeune ami.

— Il est trop tard pour y prendre garde quand elles sont prononcées, dit le porte-clefs, qui, ayant ouvert la porte avec des précautions extraordinaires pour ne pas faire de bruit, était entré sans être aperçu; au surplus, M. Peveril s'est conduit en homme comme il faut, et je ne suis pas un rapporteur, pourvu qu'il prenne en considération les peines que je me suis données pour lui.

Julien n'avait d'autre alternative que de profiter de ce que le drôle lui donnait à entendre, et de le gagner par quelques pièces d'argent. Clink fut si satisfait de sa libéralité, qu'il s'écria : — J'ai le cœur gros d'être obligé de dire adieu à un jeune homme si généreux, j'aurais volontiers tiré le verrou sur lui pendant vingt ans; mais il faut quelquefois que les meilleurs amis se séparent.

— Je vais donc quitter Newgate?

— Oui, monsieur: l'ordre du conseil vient d'arriver.

— Et je vais être transféré à la Tour?

— Comment! s'écria le porte-clefs, qui diable vous l'a dit? Mais, n'importe, puisque vous le savez, ce n'est pas la peine de vous le cacher. Ainsi, monsieur, préparez-vous à partir sur-le-champ. Mais d'abord allongez vos supports, pour que j'en ôte les *darbies*.

— Est-ce l'usage ordinaire? demanda Peveril en étendant les jambes, pendant que Clink en détachait les fers.

— Bien certainement : les *darbies* appartiennent au capitaine, et vous jugez bien qu'il n'a pas envie d'en faire présent au lieutenant de la Tour. C'est à ses gardes à prendre leurs précautions, je vous réponds qu'ils n'emporteront rien d'ici. Si pourtant Votre Honneur avait envie de partir avec ses *darbies*, comme pour émouvoir la compassion, il serait possible de...

— Je n'ai nulle envie de faire paraître ma situation pire qu'elle ne l'est, s'écria Julien ; et il pensa en même temps qu'il fallait que son correspondant anonyme le connût bien, puisque le plan d'évasion qu'il lui avait proposé ne pouvait s'exécuter que par un excellent nageur, et qu'il fût bien au fait des usages de la prison, puisqu'il lui aurait été impossible de nager si on lui eût laissé les fers aux pieds. Ce que lui dit ensuite le porte-clefs lui suggéra de nouvelles conjectures.

— Il n'y a rien au monde que je ne fusse disposé à faire pour un si brave jeune homme, dit Clink. Je volerais pour vous un des rubans de ma femme, si vous aviez envie d'arborer le pavillon blanc sur votre chapeau.

— A quoi bon? demanda Julien, dont l'imagination rapprocha au même instant la proposition que lui faisait le porte-clefs, du signal qui lui avait été indiqué dans la lettre qu'il avait reçue.

— Je n'en sais trop rien, répondit Clink, si ce n'est qu'on dit que le blanc est l'emblème de l'innocence ; et, qu'on soit coupable ou non, on aime toujours à se donner un air d'innocence. Mais qu'importe qu'on soit coupable ou qu'on ne le soit pas, le tout est de savoir si ce mot se trouvera dans la déclaration des jurés?

— Il est bien étrange, pensa Peveril, quoique le

porte-clefs parût parler naturellement et sans double entente, que tout semble combiné pour faire réussir le plan d'évasion, si j'y veux consentir. Et n'ai-je pas tort de m'y refuser? Un être qui fait tant pour moi doit être mon ami, et un ami ne peut insister sur l'exécution de conditions injustes qu'on m'impose pour prix de ma délivrance.

Mais il ne chancela qu'un instant, et s'affermit plus que jamais dans sa première résolution. Il se rappela que, quelque fût celui qui faciliterait son évasion, il courrait nécessairement de grands dangers, et que par conséquent il avait le droit de prescrire les conditions sous la foi desquelles il consentait à s'y exposer. Il se souvint aussi que la fausseté fut toujours une bassesse, n'importe qu'elle s'exprime par des paroles ou par des actions, et il réfléchit qu'en montrant le signal qu'on lui avait demandé pour preuve de sa renonciation à Alice, c'était mentir tout aussi-bien que s'il y renonçait dans les termes les plus exprès sans avoir dessein de tenir sa promesse.

— Si vous voulez m'obliger, dit-il à Clink, procurez-moi un morceau de soie noire ou de crêpe, pour m'en servir à l'usage dont vous parlez.

— De crêpe! s'écria le porte-clefs; qu'est-ce que cela signifierait? Les gardes de la Tour qui vont vous y conduire vous prendraient pour un ramoneur de cheminées du 1er mai (1).

— Ce sera une preuve de mon profond chagrin, dit Julien, et de ma résolution déterminée.

(1) Jour de la fête des ramoneurs en Angleterre. Ils parcourent les rues, couverts de vêtemens bizarres, en dansant au son des instrumens. — Éd.

— Comme il vous plaira, monsieur, répliqua le porte-clefs; je vous trouverai aisément quelque guenille noire, n'importe de quelle étoffe. Et maintenant, il s'agit de partir.

Julien lui répondit qu'il était prêt, et s'avança vers Geoffrey Hudson pour lui faire ses adieux. La séparation ne se fit pas sans émotion de part et d'autre; elle fut pénible surtout au pauvre petit chevalier, qui avait conçu une affection toute particulière pour le compagnon dont il allait être privé.

— Adieu, mon jeune ami, lui dit-il en levant ses deux mains pour prendre celle de Julien, ce qui lui donnait l'attitude d'un marin qui tire une corde pour soulever une voile : bien des gens à ma place se trouveraient outragés, en se voyant, quoique anciens serviteurs de la maison du roi, et ayant porté les armes pour lui, laissés dans une prison comme celle-ci, tandis que vous en allez habiter une bien plus honorable. Mais, grace à Dieu, je ne vous envie pas la Tour; je ne vous envierais même pas les rochers de Scilly, ni le château de Carisbrook, qui eut l'honneur de servir de prison au bienheureux martyr le roi mon ancien maitre. En quelque lieu que vous deviez aller, je vous souhaite toutes les distinctions d'une prison honorable, et le bonheur d'en sortir aussi promptement qu'il plaira à Dieu. Quant à moi, ma carrière touche à sa fin, parce que je succombe martyr de la trop grande susceptibilité de mon cœur. Il y a une circonstance dont je vous aurais fait part, mon bon M. Julien Peveril, si la Providence nous eût permis une plus longue liaison; mais cette confidence ne convient pas au moment actuel. Adieu donc, mon jeune ami, et rendez témoignage, à la vie et à la mort, que Geoffrey Hudson brave les coups et les persécutions de la fortune, comme il mépriserait, ainsi qu'il l'a fait plusieurs fois, les sarcasmes malins d'un grand écolier.

A ces mots, il se détourna, et se cacha le visage avec son petit mouchoir, tandis que Julien éprouvait cette espèce de sensation tragi-comique qui fait qu'on ressent une compassion véritable pour celui qui en est l'objet, et qu'on est saisi en même temps d'une certaine envie de rire dont on a peine à se défendre. Enfin le porte-clefs lui fit signe de le suivre. Julien obéit à l'instant, et laissa son inconsolable petit compagnon dans sa triste solitude.

Pendant que Julien suivait son guide à travers les nombreux détours de ce labyrinthe de misères, Clink lui dit : — C'est un égrillard que ce petit sir Geoffrey Hudson, et, quant à la galanterie, un vrai coq de Bandam, tout vieux qu'il est. J'ai connu une gaillarde qui l'avait fait mordre à l'hameçon, mais il serait difficile de deviner ce qu'elle en voulait faire, à moins qu'elle n'eût dessein de le conduire à Smithfield, et de l'y faire voir pour de l'argent, dans un spectacle de marionnettes.

Encouragé par cette ouverture, Julien lui demanda s'il savait pourquoi on allait le transférer à la Tour.

— Pour vous apprendre à vous faire facteur de la poste du roi sans autorisation, répondit Clink.

Il n'en dit pas davantage; car ils approchaient alors du formidable point central où était étendu dans son fauteuil de cuir le commandant de la forteresse, tel que l'énorme Boa qui couvre, dit-on, de ses replis monstrueux les trésors souterrains des rajahs de l'Orient, dont il est le gardien. Il regarda Julien d'un air sombre et mécontent, comme l'avare regarde la guinée dont il faut qu'il se sépare, ou le chien affamé l'os qu'on donne à un de ses camarades. Il tourna les feuillets de son sinistre registre pour y faire la note nécessaire relativement à la translation du prisonnier, en gromelant entre ses dents : — A la Tour ! à la Tour ! Oui, il faut que tout aille à la Tour ! C'est la mode d'à présent. Des Anglais libres dans une prison militaire, comme si nous n'avions ici ni serrures ni verrous ! J'espère que le parlement prendra en considération toute cette besogne de la Tour ; c'est tout ce que j'ai à dire. Au surplus, le jeune homme ne gagnera rien au change, c'est une consolation.

Ayant fini en même temps cet acte officiel d'enregistrement et son soliloque, il fit signe à ses subalternes d'emmener Julien, qui eut à parcourir de nouveau les corridors obscurs qu'il avait traversés en arrivant, et qui fut conduit jusqu'à la porte de la prison. Il y trouva une voiture de place qui devait le mener jusque sur les bords de la Tamise, et qui était escortée par deux officiers de police.

Une barque, à bord de laquelle se trouvaient quatre gardes de la Tour, l'attendait sur la rive. Ses anciens gardiens firent la remise de sa personne à ceux qui en devenaient responsables à leur place ; mais Clink, le porte-clefs, avec qui il avait fait une connaissance plus particulière, ne prit congé de lui qu'après lui avoir remis le morceau de crêpe noir qui lui avait été demandé. Julien l'attacha à son chapeau, tandis que les gardes de la Tour chuchotaient entre eux. — Il est bien pressé de prendre le deuil, dit l'un d'eux ; il ferait aussi bien d'attendre qu'il en eût plus de sujet.

— D'autres le prendront peut-être pour lui avant qu'il ait le temps de le prendre pour personne, répondit un autre de ces fonctionnaires.

Malgré ces propos tenus à voix basse, la conduite de ces nouveaux gardiens à son égard était plus respectueuse que n'avait été celle des satellites de Newgate, et l'on aurait pu l'appeler une civilité sombre. Les employés des prisons ordinaires étaient en général grossiers, parce qu'ils avaient affaire à des brigands de toute espèce; mais ceux de la Tour n'était chargés de garder que des criminels d'État, c'est-à-dire des gens à qui leur naissance et leur fortune donnaient le droit d'attendre des égards et les moyens de les récompenser.

Julien ne fit pourtant pas plus d'attention à ce changement de ses gardes qu'à la scène aussi belle que diversifiée qu'offrait à ses yeux le beau fleuve sur lequel il naviguait. Une centaine de barques, chargées de personnes que le plaisir ou les affaires amenaient sur la Tamise, passèrent à peu de distance. Julien ne les regarda qu'avec l'espoir, mêlé d'un peu de dépit, que l'être qui avait voulu ébranler sa fidélité par l'offre de sa délivrance verrait, à la couleur du signal qu'il portait, combien il était déterminé à résister à cette tentation.

C'était l'instant de la haute marée, et une grande barque, remontant rapidement la rivière à voile et à rames, se dirigeait si directement sur celle qui portait Julien, qu'elle semblait avoir envie de l'aborder et de la renverser.

— Préparez vos carabines, s'écria celui des gardes de la Tour qui était le chef des autres. Que veulent donc faire ces coquins?

Mais l'équipage de la grande barque parut avoir reconnu son erreur, car elle changea de direction tout à coup, et gagna le milieu de la Tamise, d'où les bateliers de chaque bord se soulagèrent respectivement en lâchant les uns contre les autres une volée d'imprécations.

— L'inconnu a tenu parole, pensa Julien, et j'ai aussi tenu la mienne.

Il lui sembla même, tandis que les deux barques s'approchaient, entendre, dans celle qui s'avançait, une espèce de gémissement ou de cri étouffé; et, quand le moment de confusion fut passé, il demanda au garde dont il était le plus voisin s'il savait qui était sur cette barque.

— Des marins de quelques vaisseaux de ligne qui viennent faire des folies sur l'eau douce, répondit le garde; je le suppose du moins, car seuls ils peuvent être assez impudens pour oser venir aborder une barque du roi, et je suis sûr que le drôle qui tenait le gouvernail n'avait pas d'autre dessein. Mais il est possible, monsieur, que vous en sachiez à ce sujet plus que moi.

Cette insinuation ne donna pas envie à Julien de faire de nouvelles questions, et il garda le silence jusqu'à ce que la barque fût arrivée sous les sombres bastions de la Tour(1). Elle passa alors sous une arche basse et ténébreuse, fermée, du côté de la forteresse, par cette porte bien connue, nommée la porte des Traîtres; c'était une grille en grosses barres de fer, à travers laquelle on pouvait voir les gardes et les sentinelles en faction et le sentier escarpé qui conduit de la rivière dans l'intérieur de la citadelle. C'est par cette porte, dont le

(1) La vignette du titre de ce volume représente la tour de Londres.

nom vient de cette coutume, qu'on fait ordinairement entrer dans la Tour les personnes accusées de haute trahison, la Tamise offrant un moyen secret et silencieux d'y transporter ceux dont la chute aurait pu exciter la compassion, ou la popularité donner à craindre trop d'émotion parmi le peuple. Quand même il n'y avait aucun motif pour cette crainte, on évitait ainsi de troubler la tranquillité de la ville, en se dispensant de faire passer un prisonnier suivi de gardes par les rues les plus fréquentées.

Cependant cette coutume, dictée par la politique, doit avoir souvent glacé le cœur du prisonnier qui, dérobé ainsi en quelque sorte à la société, arrivait au lieu de sa détention sans recueillir sur son chemin un seul regard de commisération; et lorsqu'en sortant de dessous cette arche ténébreuse il débarquait sur ces marches de pierre usées par les pas de ceux qui avaient été agités par les mêmes inquiétudes que lui, et dont chaque marée venait baigner le pied, s'il regardait devant lui la montée rapide conduisant à une prison d'État gothique, et en arrière la partie de la rivière que la voûte basse lui permettait encore d'apercevoir, il devait souvent sentir qu'il laissait derrière lui la lumière du jour, l'espérance et la vie même.

Tandis que le chef des gardes se faisait reconnaître, Julien chercha à apprendre d'un de ses conducteurs quel endroit allait lui servir de prison.

— Celui que le lieutenant indiquera, lui répondit un des gardes.

— Ne me sera-t-il pas permis de partager la chambre de mon père, sir Geoffrey Peveril? car il n'oublia pas pour cette fois de prononcer le nom de sa famille.

Le garde, vieillard respectable, le regarda comme s'il eût été surpris d'une demande si extravagante, et se contenta de lui répondre : — Impossible.

— Du moins montrez-moi le lieu où il est détenu, que je puisse jeter un coup d'œil sur le mur qui nous sépare.

— J'en suis fâché pour vous, jeune homme, répondit le vieillard en secouant sa tête couverte de cheveux gris, mais toutes ces questions ne peuvent vous être utiles : on ne connaît ici ni pères ni enfans.

Le hasard, quelques instans après, sembla pourtant offrir à Peveril la satisfaction que la rigueur de ses gardes était disposée à lui refuser. Comme on le faisait monter le passage escarpé qui conduit à ce qu'on appelle la tour de Wakefied, une voix de femme s'écria avec un accent qui exprimait à la fois la joie et la douleur, — Mon fils, mon cher fils!

Les gardes même de Julien semblèrent touchés de cet élan d'une vive sensibilité. Ils ralentirent le pas et s'arrêtèrent presque, pour lui donner le temps de lever les yeux vers la fenêtre d'où partait la voix d'une mère au désespoir. Mais l'ouverture en était si étroite et si bien grillée, que tout ce qu'on put voir fut la main blanche d'une femme qui s'accrochait à un barreau rouillé, comme pour soutenir la personne à qui elle appartenait, tandis qu'une autre main agitait un mouchoir blanc qu'elle laissa tomber, et à l'instant la croisée parut abandonnée.

— Donnez-le-moi, dit Julien au vieux garde qui l'avait ramassé : c'est peut-être le dernier présent d'une mère.

Le vieux garde étendit le mouchoir et le regarda avec

l'attention scrupuleuse d'un homme habitué à découvrir des moyens secrets de correspondance dans les bagatelles en apparence insignifiantes.

— Il peut s'y trouver de l'écriture en encre invisible, lui dit un de ses camarades.

— Il est humide, répondit le vieillard, mais je crois que cette humidité est causée par des larmes ; je ne puis en priver ce pauvre jeune homme.

— Ah! Coleby, lui dit son camarade d'un ton de reproche fait avec douceur, si vous n'aviez pas eu un trop bon cœur, vous porteriez aujourd'hui un autre uniforme que celui de garde de la Tour.

— Qu'importe ce qui se passe dans mon cœur, répondit Coleby, et quel est l'habit qui conserve la chaleur, pourvu que je m'acquitte fidèlement de mes devoirs envers mon roi ?

Cependant Peveril serra contre son cœur le gage de l'affection d'une mère que le hasard lui avait procuré ; et lorsqu'il eut été conduit dans la petite chambre qu'on lui annonça comme devant être son séjour solitaire tant qu'il resterait à la Tour, il fut ému jusqu'aux larmes par cet événement, qu'il ne put s'empêcher de regarder comme un signe que sa malheureuse famille n'était pas encore totalement abandonnée par la Providence.

Mais les pensées qu'offre à l'esprit l'intérieur d'une prison, et les événemens qui s'y passent, ont quelque chose de trop uniforme, et il est temps que nous transportions nos lecteurs dans une sphère plus agitée.

CHAPITRE XXXVII.

« La fortune ennemie à la fin me pardonne :
» Je vivrai désormais, car Buckingham l'ordonne. »

POPE.

L'HABITATION spacieuse du duc de Buckingham, ainsi que le terrain qui en faisait partie, portait originairement le nom d'York-House, et était adjacente au palais de Savoie.

Construite par son père, favori de Charles Ier, avec une magnificence sans égale, elle pouvait presque disputer de splendeur avec le palais royal de White-Hall. Mais la manie toujours croissante de construire de nouvelles rues et presque une nouvelle ville, pour joindre Londres à Westminster, avait donné une grande valeur à tout ce terrain. Le fils du fondateur, le duc de Buckingham actuel, aimait les entreprises; et comme il avait souvent besoin d'argent, il avait approuvé le plan proposé par un architecte non moins avide, pour convertir les jardins qui entouraient son palais en ces rues qui conservent encore aujourd'hui le souvenir de son nom et de ses titres. Et cependant ceux qui habitent à présent Villiers-street, Duke-street, Buckingham-street, et Of-alley, car on avait même donné à une de ces rues le nom de la particule qui joignait le titre de duc au nom de Buckingham (1), ne pensent probablement guère à la mémoire du spirituel, du bizarre, du licencieux VILLIERS, DUC DE BUCKINGHAM, noms qui appartiennent encore aux rues où ils demeurent.

Le duc avait adopté ce plan de construction avec tout l'empressement qu'il mettait à tout ce qui était nouveau. Ses jardins furent détruits, ses pavillons rasés, ses belles écuries démolies. Toute la pompe de ce beau domaine *sub urbe* s'évanouit ; il se trouva encombré de ruines et coupé de tous côtés par les fondations de nouveaux bâtimens, et par les travaux nécessaires pour le nivellement du terrain sur les différentes lignes que devaient occuper les rues projetées. Mais cette spéculation, devenue par la suite très-lucrative, éprouva dans son origine de grands obstacles, partie faute des fonds nécessaires, partie à cause du caractère impatient et inconstant du duc, qui l'emporta bientôt vers de nouveaux projets. Ainsi, quoiqu'on eût fait beaucoup de démolitions à l'époque dont nous parlons, presque rien ne s'élevait encore pour remplacer ce qui avait été abattu. Cependant le corps de logis principal était resté intact,

(1) *Of*, signifie *de* : de sorte qu'il y a la *rue Villiers*, la *rue Duc*, *l'allée De* et la *rue Buckingham* — ÉD.

mais le domaine au milieu duquel il s'élevait avait une singulière analogie avec l'esprit irrégulier du propriétaire. Ici l'on voyait un beau groupe d'arbres et d'arbrisseaux exotiques coupés par une tranchée destinée à faire un égout, et étouffés sous des amas de gravois. Là une vieille tour menaçait de s'écrouler sur celui qui la regardait, et plus loin on courait le risque de tomber dans un gouffre ouvert pour pratiquer une cave. Le plan de cette entreprise annonçait de grandes idées, mais elle semblait avortée faute d'argent, ou faute de stabilité dans l'esprit de celui qui les avait conçues. En un mot, on y remarquait partout les preuves de grands talens mal employés, et devenus plus nuisibles qu'utiles à la société, par suite de l'imprudence et du caractère versatile du propriétaire.

Il se trouvait des gens qui supposaient au duc des projets tout différens en souffrant que les dépendances de son palais fussent remplies d'anciens bâtimens à demi démolis et de nouveaux édifices à demi élevés. Ils prétendaient qu'ayant sur les bras tant d'affaires amoureuses, engagé dans les détours d'une mystérieuse politique, et avec la réputation de l'intrigant le plus entreprenant et le plus dangereux de son temps, le duc trouvait à propos de s'entourer de toutes ces ruines, parce qu'aucun officier de justice n'aurait pu y pénétrer sans difficulté, et sans courir quelques risques ; et qu'ainsi il pouvait y procurer une retraite sûre aux agens qu'il employait pour des expéditions où il ne voulait point paraître lui-même, et il leur ménageait aussi en même temps les moyens d'arriver chez lui secrètement et sans pouvoir être observés, quand il avait des raisons pour ne pas les y recevoir publiquement.

Laissant Julien Peveril dans la Tour, nous transporterons encore une fois nos lecteurs au lever du duc, qui, le matin du jour où notre héros avait été transféré dans cette forteresse, parla ainsi à son *premier ministre*, à son serviteur de confiance :

— Je suis tellement satisfait de votre conduite dans cette affaire, Jerningham, que si Satan lui-même se présentait à moi, et m'offrait le meilleur de ses diables pour vous remplacer, je ne serais pas exposé à une grande tentation.

— Toute une légion de diables, dit Jerningham en s'inclinant profondément, n'aurait pas pu être plus occupée du service de Votre Grace que son serviteur l'a été. Mais si vous me permettez de vous le dire, milord, tout votre plan a failli échouer, parce que vous n'êtes revenu qu'hier au soir, ou, pour mieux dire, ce matin.

— Et, s'il vous plaît, sage Jerningham, pourriez-vous me dire pourquoi je serais revenu un instant plus tôt que mon plaisir et ma convenance le demandaient?

— Je n'en sais rien, milord; mais quand vous nous fîtes dire par Empson, à la porte de Chiffinch, de nous emparer de cette jeune fille, à quelque prix et à quelque risque que ce fût, vous ajoutâtes que vous seriez ici aussitôt que vous auriez pu vous débarrasser du roi.

— Me débarrasser du roi, maraud! que signifie cette manière de parler?

— C'est Empson qui nous a dit que Votre Grace s'était exprimée ainsi.

— Jerningham, ce que ma Grace peut dire, il ne convient pas que des bouches comme la vôtre et la sienne le repètent, dit le duc avec hauteur; mais il reprit sur-le-champ son ton de familiarité, car il était aussi capricieux dans son humeur que dans ses goûts, et il ajouta : Je vois où tu veux en venir, drôle; tu voudrais savoir ce que je suis devenu depuis que je t'ai envoyé mes ordres de l'appartement de Chiffinch; et ensuite ta valeur voudrait sonner une nouvelle fanfare pour célébrer ta retraite fort adroite lorsque tu laissas ton camarade entre les mains des Philistins.

— Je prie Votre Grace de faire attention que je n'ai fait retraite que pour sauver le bagage (1).

— Comment, monsieur, vous vous mêlez de faire de l'esprit avec moi? Je suis bien aise que vous sachiez que le plus grand sot d'une paroisse se ferait fustiger par les commissionnaires et les cochers de place, s'il voulait faire passer devant eux un misérable quolibet pour un jeu d'esprit.

— Et cependant, milord, je me rappelle avoir entendu Votre Grace se permettre des jeux de mots.

— Il faut congédier ta mémoire, maraud, ou lui apprendre à avoir plus de discrétion, sans quoi elle nuira à ton avancement dans le monde. Tu peux m'avoir vu jouer à la balle avec des citadins, embrasser une jolie servante par fantaisie, boire de l'ale et manger par caprice une rôtie au fromage dans un cabaret; mais convient-il que tu te souviennes de ces folies? N'en parlons plus; dites-moi comment ce grand imbécile, Jenkins, a pu se laisser percer de part en part par un berger rustique comme ce Peveril?

— Je prie Votre Grace de croire que ce Corydon n'est pas novice. J'ai vu pousser les premières bottes, et je ne

---

(1) Le mot anglais qui signifie *le bagage* veut dire aussi quelquefois *la fille*, dans l'acception la moins honnête de ce mot. — Ed.

connais qu'une main qui sache manier une rapière avec autant de grace, d'aisance et de vivacité.

— Oui-dà, dit le duc en prenant sa rapière, qui était dans le fourreau ; je ne l'aurais pas cru. Cette lame est un peu rouillée et a besoin de prendre l'air. Peveril est un nom qui n'est pas obscur. Autant aller à Barn-Elms, ou derrière Montagu-House, avec lui qu'avec un autre. D'ailleurs son père est connu pour avoir trempé dans le complot; le public regardera cet acte comme convenable à un bon protestant. J'ai besoin de faire quelque chose pour soutenir ma bonne renommée dans la Cité; pour me faire pardonner de ne pas être plus exact à assister aux prières et aux sermons. Mais le fameux vainqueur est bien resserré à Newgate, à ce que vous m'avez dit; et je présume que son sot adversaire est mort ou mourant?

— Point du tout, milord; il en reviendra : la lame n'a heureusement touché aucune de ses parties vitales.

— Au diable ses parties vitales! Dis-lui que je ne veux pas qu'il soit si tôt hors de danger, ou que je le tuerai tout de bon.

— Je donnerai cet avis à son chirurgien, milord; cela vaudra bien autant.

— N'y manque pas, et dis-lui qu'il vaudrait mieux pour lui d'être sur son lit de mort que de guérir son malade avant que je le lui permette; il ne faut pas que ce jeune drôle soit relâché si promptement.

— Il n'y a guère de danger qu'il le soit, milord. J'ai entendu dire que certains témoins l'ont déjà enveloppé de leurs filets, en raison de quelques affaires qui ont eu lieu dans le nord, et qu'on doit le transférer à la Tour, autant pour cela que pour quelques lettres de la comtesse de Derby, à ce qu'on dit.

— Eh bien! qu'il aille à la Tour, et qu'il en sorte comme il le pourra. Quand vous apprendrez qu'il y est bien claquemuré, que ce sot maître d'escrime se guérisse aussi vite que son chirurgien et lui pourront arranger cela ensemble.

Le duc fit alors deux ou trois tours dans sa chambre, et parut enfoncé dans ses réflexions. Jerningham en attendit patiemment le résultat, car il savait que, lorsque son patron paraissait profondément occupé de quelque idée, cet accès n'était jamais d'assez longue durée pour devenir une épreuve bien sérieuse pour sa patience.

Effectivement, le silence ne dura que sept à huit minutes, après quoi le duc le rompit en prenant sur sa toilette une grande bourse de soie qui paraissait pleine d'or. — Jerningham, dit-il, tu es un maraud fidèle, et ce serait dommage de ne pas te récompenser. Le roi m'avait défié à la paume, et je l'ai battu. L'honneur est assez pour moi ; ce sera toi qui auras les profits, mon garçon.

Jerningham empocha la bourse en faisant les remerciemens convenables.

— Je sais, continua le duc, que vous me blâmez de changer si souvent mes projets, et, sur mon ame, je vous ai entendu dire à ce sujet de si belles choses, que je commence à être de votre avis; depuis deux ou trois heures, je me reproche de n'avoir pas toujours eu un but unique en vue; comme je le ferai sans doute (dit-il en se touchant le front) lorsque l'âge aura assez rouillé cette girouette pour qu'elle ne tourne plus à tout vent. Mais, quant à présent, tandis que j'ai toute ma force et toute mon activité, qu'elle tourne comme celle qui est sur le mât d'un vaisseau pour annoncer au pilote comment il doit diriger sa course; et, quand il s'agira de la mienne, je crois que je suis frété pour suivre la fortune, et non pour en contrôler la marche.

— Tout ce que je puis comprendre à cela, répondit Jerningham, c'est que Votre Grace a changé quelque chose à certaines mesures qu'elle avait adoptées, et qu'elle croit avoir eu raison de le faire.

— Vous en jugerez vous-même, Jerningham. J'ai vu la duchesse de Portsmouth..... Pourquoi ce mouvement de surprise...? Oui, de par le ciel! je l'ai vue, et d'ennemis mortels que nous étions nous sommes devenus amis jurés. Le traité entre ces deux hautes puissances renfermait quelques articles importans, et j'avais affaire à un négociateur français en jupons : vous conviendrez donc que quelques heures d'absence n'étaient que ce qu'il fallait pour régler nos arrangemens diplomatiques.

— Votre Grace me surprend. Le plan de Christian pour supplanter la grande dame est donc entièrement abandonné? Je croyais que vous n'aviez fait venir ici la belle destinée à la remplacer que pour vous charger vous-même de le conduire à fin.

— J'oublie quelles étaient mes intentions alors, si ce n'est que je ne voulais pas qu'elle me prît pour dupe comme ce bon homme de roi, et j'y suis encore déterminé, puisque vous me faites penser à la belle. Mais, pendant que nous jouions à la paume, j'avais reçu de la duchesse un billet plein de contrition. J'allai la voir, c'était une Niobé parfaite. Sur mon ame! Jerningham, il existe des femmes qui, en dépit de leurs yeux rouges et de leurs cheveux en désordre, sont, comme le disent

3

les poëtes, plus belles dans l'affliction. Il fallut m'en apprendre la cause, et ce fut avec tant d'humilité, tant de repentir, elle se jeta tellement à ma merci, elle qui est la princesse la plus orgueilleuse de toute la cour, qu'il m'aurait fallu un cœur d'airain pour y résister. En un mot, Chiffinch, dans un de ses accès d'ivrognerie, avait bavardé, et mis le jeune Saville au courant de notre intrigue. Saville voulut nous jouer un tour, et informa la duchesse de tout par un exprès, qui heureusement arriva un peu tard sur le marché. Elle apprit aussi, car c'est un démon pour tout savoir, qu'il y avait eu quelques criailleries entre le maître et moi, relativement à cette nouvelle Philis, et que c'était probablement moi qui attraperais l'oiseau, comme il est facile de s'en douter quand on nous regarde tous deux; il faut que ce soit le flageolet d'Empson qui ait joué cet air aux oreilles de Sa Grace. Et, pensant que ses chiens et les miens pouvaient chasser ensemble, elle me pria de donner le change à ceux de Christian, et de dérober la péronnelle aux yeux du roi, surtout si c'était un rare modèle de perfection, comme on le prétendait.

— Et Votre Grace a promis de s'employer pour soutenir une influence qu'elle a si souvent juré de renverser!

— Oui, Jerningham, car j'étais tout aussi bien parvenu à mon but en la voyant reconnaître en quelque sorte qu'elle était en mon pouvoir, et en l'entendant me crier merci. D'ailleurs, que m'importe l'échelle qui me servira pour monter au cabinet du roi? Celle de Portsmouth est déjà placée: pourquoi ne pas s'en servir au lieu de l'abattre pour en placer une autre? Je n'aime pas à me donner des peines inutiles.

— Et Christian?

— Il peut aller à tous les diables, comme un âne plein de sottes prétentions. Sur mon ame, ce qui me plait davantage dans toute cette intrigue, c'est le plaisir de me venger de ce misérable, qui s'est cru si important, qu'il a osé forcer ma porte pour venir me faire ma leçon comme à un écolier. Au diable ce gibier de potence, ce reptile hypocrite! s'il dit un mot, je lui ferai fendre le nez comme celui de Coventry (1). A propos, le colonel est-il arrivé?

— Je l'attends à chaque instant, milord.

— Envoyez-le-moi dès qu'il arrivera. Eh bien! qu'avez-vous à me regarder? Qu'attendez-vous?

— Les ordres de Votre Grace relativement à la jeune personne.

— De par le ciel, je l'avais totalement oubliée! Est-elle bien en pleurs? excessivement affligée?

— Elle n'a pas l'air de prendre les choses d'une manière si tragique que quelques-unes de ces princesses que j'ai vues, milord; mais, quant à une indignation profonde et concentrée, je n'ai jamais rien vu qu'on puisse lui comparer.

— Eh bien! nous lui laisserons le temps de se calmer: je ne veux pas si tôt avoir affaire une seconde fois à une belle affligée. Je suis las de voir des yeux rouges et des joues tirées. D'ailleurs, il faut que je ménage mes moyens de consolation. Retire-toi, et n'oublie pas de m'envoyer le colonel.

— Votre Grace me permettra-t-elle une autre question?

(1) Voyez sur cet atroce assassinat la *Vie de Dryden* par sir Walter Scott. — Éd.

— Parle, dépêche-toi, et va-t'en.

— Puisque Votre Grace a résolu d'abandonner Christian, puis-je lui demander ce que devient le royaume de Man ?

— Oublié, sur mon ame de chrétien ! aussi complètement oublié que si je n'avais jamais formé ce projet d'ambition royale. Diable ! il faudra tâcher de renouer les fils rompus de cette intrigue embrouillée. Cependant ce n'est qu'un misérable rocher, qui ne vaut pas le temps que j'ai perdu à y songer ; et, quant au mot de royaume, il sonne assez bien, à la vérité ; mais, au fond, autant vaudrait mettre à mon chapeau une plume de chapon, et l'appeler un panache. D'ailleurs, maintenant que j'y réfléchis, serait-il bien honorable de confisquer ainsi ce petit royaume ? J'ai gagné mille pièces d'or au jeune comte de Derby, la dernière fois qu'il est venu ici, et j'ai souffert qu'il se montrât à la cour pendu à mes côtés. Je ne sais si le revenu total de son royaume vaut le double de cette somme. S'il était ici, je lui en ferais le pari avec moins de peine qu'il n'en faudrait pour suivre les intrigues tortueuses de ce Christian.

— S'il m'était permis de vous faire une observation, milord, je vous dirais volontiers que, s'il vous arrive quelquefois de changer d'opinion, il n'existe personne en Angleterre plus capable que vous d'en donner d'excellentes raisons.

— Je pense de même, Jerningham, et c'est peut-être pour cela que j'en change. On aime à justifier sa conduite et à trouver de bonnes raisons pour faire ce qu'on a envie de faire. Et maintenant, encore une fois, va-t'en..... Un instant ! écoute ! J'aurai besoin de quelques pièces d'or, rends-moi la bourse dont je viens de te faire présent, et je te donnerai un bon de même somme, en y joignant l'intérêt de deux ans, sur ce vieux Jacob Doublefee.

— Comme il plaira à Votre Grace, répondit Jerningham dont la provision de patience se trouva épuisée et suffit à peine pour cacher la mortification qu'il éprouvait en se voyant obligé d'échanger le métal brillant que contenait la bourse qui lui avait été donnée contre un bon à longue échéance, et dont il savait par expérience que le paiement pourrait souffrir des retards ou des difficultés. Il fit en secret, mais solennellement, le vœu que deux ans d'intérêts ne seraient pas la seule indemnité qu'il aurait pour le changement survenu malgré lui dans la forme de sa récompense.

Le confident, peu satisfait, sortit enfin de l'appartement, et rencontra au haut de l'escalier Christian lui-même, qui, avec toute la liberté d'un ancien ami de la maison, prenait le chemin de l'appartement du duc sans se faire annoncer. Jerningham, pensant qu'il venait fort mal à propos dans ce moment de crise, tâcha de le renvoyer en lui disant que le duc était indisposé et dans sa chambre à coucher; et il le dit assez haut pour que son maître pût l'entendre et se servir de l'excuse faite en son nom, en se retirant effectivement dans ce sanctuaire, et en s'y renfermant au verrou.

Mais, bien loin d'avoir recours à un stratagème qu'il avait employé plus d'une fois pour se dispenser de recevoir même ceux à qui il avait donné rendez-vous pour quelque affaire importante, Buckingham éleva la voix du fond de son appartement, et ordonna à son

3.

chambellan de faire entrer sur-le-champ son ami M. Christian, en le grondant de l'avoir fait attendre un instant.

— Si Christian connaissait Sa Grace aussi bien que moi, pensa Jerningham, il braverait la fureur d'un lion, comme le brave apprenti de Londres, plutôt que de se hasarder en ce moment près de mon maître, dont l'humeur n'est guère moins dangereuse.

Il ouvrit à Christian la porte de l'appartement du duc, et eut soin de se poster de manière à pouvoir entendre tout ce qui s'y passerait.

CHAPITRE XXXVIII.

> « Les dames frémissaient tout en considérant
> » Étendu sur le pont le dauphin expirant.
> » — A l'instant du naufrage, un semblable scrupule,
> » Leur dit le capitaine, est vraiment ridicule :
> » Si nous coulons à fond, ces messieurs sauront bien
> » Faire un fort bon repas de la chair d'un chrétien ;
> » Et puisque l'un d'entre eux vient nous rendre visite,
> » Il faut qu'à notre table à son tour on l'invite.
> » L'homme sage applaudit quand on mange un mangeur,
> » Et le diable est content quand on trompe un trompeur. »
>
> *Le Voyage par mer.*

Quelque expérience que Christian eût du monde, qu'il n'avait pas toujours vu du meilleur côté, l'accueil que lui fit le duc ne pouvait lui faire soupçonner que Sa Grace aurait reçu en ce moment la visite du diable en personne plus volontiers que la sienne, si ce n'est que la politesse extraordinaire que Buckingham témoigna à une si ancienne connaissance aurait pu lui inspirer quelques soupçons.

Échappé, non sans difficulté, au vague préambule de ces complimens généraux qui ont autant de rapport aux affaires que le *limbo patrum* de Milton à la terre sensible et matérielle, Christian demanda au duc avec cette brusque franchise qui servait ordinairement de voile à sa dissimulation, s'il y avait long-temps qu'il n'avait vu Chiffinch ou sa femme.

— Je n'ai vu ni l'un ni l'autre depuis peu, répondit Buckingham ; mais je croyais que vous auriez vous-même passé chez eux. Je m'imaginais que vous auriez plus de zèle pour faire réussir le grand projet.

— Je m'y suis présenté deux fois, dit Christian ; mais je n'ai pu parvenir jusqu'à ce couple important. Je commence à craindre qu'ils ne marchent pas droit.

— Et par toutes les régions visibles de l'air et leurs étoiles, vous ne tarderiez pas à vous en venger, M. Christian. Je connais les principes des puritains sur ce point, et je sais que ce sont les vôtres. Il faut que la vengeance soit aussi douce qu'on le dit, puisque des personnages si graves et si sages sont disposés à la préférer à toutes les douceurs que le plaisir offre à de pauvres pécheurs en ce monde.

— Vous pouvez plaisanter, milord, mais....

— Cependant, vous vous vengeriez de Chiffinch et de sa petite femme si commode ; mais c'est une entreprise qui ne serait pas très-facile. Chiffinch a tant de moyens d'obliger son maître ; sa digne moitié est une espèce d'écran si utile, et a des manières si engageantes, que, sur ma foi, à votre place, je n'oserais y songer. Mais qu'importe qu'ils vous aient refusé leurs portes ? C'est ce que nous faisons quelquefois à nos meilleurs amis, comme à nos créanciers et à des importuns.

— Si vous êtes en train de plaisanter ainsi hors de propos, milord, vous connaissez ma patience; elle est toujours la même; j'attendrai qu'il vous plaise de parler plus sérieusement.

— Plus sérieusement? Et pourquoi non? Je désire seulement savoir quelle est l'affaire sérieuse dont vous avez à m'entretenir.

— Hé bien, milord, dit Christian avec beaucoup d'emphase, je vous dirai donc, en un mot, que la porte de Chiffinch m'ayant été refusée, et m'étant présenté de même inutilement plusieurs fois à la vôtre, j'en conclus ou que notre plan est échoué, ou qu'on prétend se passer de moi pour le conduire à fin.

— Se passer de vous, Christian! Ce serait une injustice et une perfidie que de vouloir priver de sa part du butin l'ingénieur qui a conduit l'attaque. Écoutez-moi : je suis fâché d'avoir à vous annoncer de mauvaises nouvelles sans avoir le temps de vous y préparer; mais puisque vous voulez tout savoir, et que vous ne rougissez pas de soupçonner vos meilleurs amis, vous me forcerez à parler. Je vous dirai donc que votre nièce a quitté la maison de Chiffinch avant-hier matin.

Christian fit un mouvement en arrière, comme s'il eût reçu un coup violent, et le sang se porta à son visage avec une telle force, que le duc crut un instant qu'il était frappé d'apoplexie. Mais, reprenant bientôt tout l'empire qu'il pouvait avoir sur lui-même dans une telle circonstance, il dit d'une voix dont le calme offrait un contraste presque effrayant avec le changement extraordinaire de sa physionomie : — En dois-je conclure, milord, que cette jeune fille, en renonçant à la protection du toit sous lequel je l'avais placée, a trouvé une retraite sous celui de Votre Grace?

— Monsieur, cette supposition fait à ma galanterie plus d'honneur qu'elle n'en mérite.

— Oh! milord, ce n'est pas à moi que vous pouvez en imposer par ce jargon de courtisan. Je sais de quoi Votre Grace est capable; je sais que, pour satisfaire les caprices d'un moment, vous n'hésiteriez pas à faire échouer les projets au succès desquels vous auriez travaillé vous-même. Mais supposons que vous ayez réussi dans votre dessein; riez des précautions que j'avais prises pour assurer vos intérêts et ceux de tant d'autres; mais sachons du moins jusqu'où vous avez porté la folie, et cherchons les moyens d'en prévenir les conséquences.

— Sur mon ame! Christian, dit le duc en riant, vous êtes le modèle des oncles et des tuteurs : peu vous importe que votre nièce ait autant d'aventures que la *Fiancée du roi de Garbe* de Bocace; pure ou souillée, il faut qu'elle soit le marche-pied de votre fortune.

Un proverbe indien dit que le dard du mépris perce l'écaille de la tortue; c'est ce qui arrive surtout quand la conscience avertit que le sarcasme est mérité. Christian, piqué du reproche de Buckingham, prit un air hautain et menaçant, tout-à-fait inconvenant dans sa position, qui, comme celle de Shylock (1), lui faisait un devoir de la patience. — Vous êtes un misérable indigne de votre rang, milord, s'écria-t-il, et je vous ferai connaître pour tel, si vous ne me faites réparation de cette insulte.

(1) Le Juif du *Marchand de Venise*. — Éd.

—Et pour qui vous ferai-je connaître, répliqua Buckingham, pour vous donner le moindre droit à l'attention d'un homme comme moi? Quel nom donnerai-je à la petite intrigue qui aboutit à cette mésintelligence inattendue entre nous?

Christian garda le silence, étouffé par la rage ou écrasé sous le poids d'une conviction intérieure.

— Allons, allons, Christian, continua le duc, nous nous connaissons trop bien pour que nous puissions nous quereller sans danger. Nous pouvons nous haïr, chercher à nous nuire, c'est l'usage des cours; mais nous faire connaître! fi donc!

— Je n'ai parlé ainsi, dit Christian, que parce que Votre Grace m'a poussé à bout. Vous savez, milord, que j'ai porté les armes, tant en Angleterre qu'en pays étranger, et vous ne devez pas être assez téméraire pour croire que je souffrirai aucune insulte que le sang pourrait effacer.

— Au contraire, Christian, répondit le duc avec un air de politesse ironique, je suis parfaitement sûr que la vie d'une douzaine de vos amis ne serait rien pour vous, si leur existence pouvait nuire, je ne dirai pas à votre réputation, mais à votre intérêt. Fi! Christian, nous nous connaissons depuis long-temps; je sais que vous n'êtes pas un lâche; mais je vois avec plaisir que je puis tirer quelques étincelles de votre ame froide. Maintenant, si cela vous convient, je vous donnerai des nouvelles de la jeune personne, à qui je vous prie de croire que je prends un véritable intérêt.

— Je vous écoute, milord. Ne croyez pas que le sourire ironique de vos lèvres et le mouvement de vos sourcils m'aient échappé. Votre Grace connaît ce proverbe français : Rira bien, qui rira le dernier. Mais je vous écoute.

— J'en rends grace au ciel, Christian ; car l'affaire exige célérité, et je vous réponds que vous n'y trouverez pas le mot pour rire. Apprenez donc un fait que je pourrais garantir sur ma vie, sur ma fortune, sur mon honneur, s'il convenait à un homme comme moi d'offrir une autre garantie que sa simple assertion. Avant-hier matin, étant allé chez Chiffinch pour passer une heure dont je ne savais que faire et voir si votre projet avançait, j'y rencontrai le roi inopinément, et je fus témoin d'une scène fort singulière. Votre nièce effraya Chiffinch, c'est de la femelle de ces deux animaux que je parle, brava le roi en face, et partit en triomphe sous la garde d'un jeune égrillard que rien ne distingue, si ce n'est un extérieur assez avenant, et l'avantage d'une impudence imperturbable. Sur mon ame, j'ai peine à m'empêcher de rire quand je pense à la manière dont le roi et moi nous fûmes bafoués ; car, je ne le nierai pas, je m'étais amusé à conter quelques douceurs à la demoiselle. Mais, par Dieu ! le jeune drôle l'enleva à notre barbe, comme mon propre Drawcansir (1) fait disparaître les coupes de la table des deux rois de Brentford. Il avait dans sa retraite un air de dignité imposante que je veux tâcher d'apprendre à Mohun (2)

---

(1) Héros terrible qui, selon la définition de Bayes, « épouvante » sa maîtresse, gourmande les rois, taille les armées en pièces, » et fait tout ce qui lui passe par la tête sans égard pour le nombre » de ses ennemis, la politesse, la justice. » Il faut voir dans *la Répétition* la scène où il escamote le banquet des rois de Brentford.
ÉD.

(2) Acteur du temps. — ÉD.

à imiter : elle conviendrait admirablement à son rôle!

— Tout cela est incompréhensible, milord, dit Christian, qui avait alors recouvré son sang-froid ordinaire; vous ne pouvez croire que j'ajoute foi à cette histoire. Qui aurait été assez hardi pour enlever ainsi ma nièce en présence du roi? Et elle-même, sage et circonspecte comme je la connais, comment aurait-elle consenti à partir de cette manière avec un jeune homme qui devait être pour elle un étranger? Non, milord, je n'en crois rien.

— Un de vos prêtres, très-dévot Christian, se contenterait de vous répondre : — Meurs dans ton incrédulité, infidèle! — Mais je suis un mondain, un pauvre pécheur, et je vous donnerai le peu d'informations que je puis ajouter à ce que je vous ai déjà dit. Le nom de ce jeune drôle, à ce qu'on m'a donné à entendre, est Julien, fils de sir Geoffrey, que le monde surnomme Peveril du Pic.

— Peveril du diable, qui est sorti de son repaire! s'écria Christian avec feu. Je le connais, et je le crois capable d'un coup hardi et désespéré. Mais comment a-t-il pu parvenir en présence du roi? Il faut que l'enfer soit venu à son aide, ou que le ciel se mêle des affaires de ce monde plus que je ne le pensais. S'il en est ainsi, que Dieu nous pardonne, à nous qui ne nous imaginions pas qu'il songeât à nous.

— Amen! très-chrétien Christian : je suis charmé qu'il te reste quelque sentiment de componction qui permette à la grace de te toucher ainsi. Mais Empson, la Chiffinch, et une demi-douzaine d'autres personnes, ont vu arriver et partir le galant berger. Allez interroger ces témoins avec votre sagesse ordinaire, si vous ne croyez pas que votre temps puisse être mieux employé à poursuivre les fugitifs. Je crois qu'il est entré comme faisant partie d'une troupe de masques ou de danseurs. Vous savez que le vieux Rowley se rend fort accessible pour quiconque peut contribuer à l'amuser. C'est ainsi que s'est introduit ce redoutable conquérant, comme Samson parmi les Philistins, pour renverser notre beau projet et nous enterrer sous ses débris.

— Je vous crois, milord, je suis forcé de vous croire, et je vous pardonne; car il est dans votre nature de ne trouver qu'à rire dans tout ce qui est ruine et destruction. Mais où sont-ils allés?

— Sans doute dans le comté de Derby; car elle parlait d'aller se mettre sous la protection de son père, et ne songeait nullement à vous, digne Christian. Il s'était passé chez la Chiffinch certaines choses qui lui donnaient lieu de penser que la manière dont vous aviez disposé d'elle à Londres n'aurait pas tout-à-fait l'approbation de son père.

— Dieu soit loué! Elle ne sait pas que son père est à Londres. Ils seront allés au château de Martindale ou à Moultrassie-Hall; et, dans l'un comme dans l'autre cas, ils sont en mon pouvoir. Il faut que je les suive à la piste. Je vais partir pour le comté de Derby. Tout serait perdu si elle voyait son père avant que toutes ces fautes soient réparées. Adieu, milord; je vous pardonne d'avoir contribué, comme j'ai lieu de le craindre, à faire échouer notre entreprise. Ce n'est pas le moment de nous faire des reproches mutuels.

— C'est la vérité, Christian, dit le duc. Puis-je vous aider d'hommes, de chevaux ou d'argent?

— Je remercie Votre Grace, répondit Christian ; et il sortit de l'appartement avec précipitation.

Le duc écouta le bruit de ses pas tandis qu'il descendait l'escalier ; et, lorsqu'il ne les entendit plus, il dit à Jerningham, qui était rentré à l'instant où Christian était sorti : *Victoria ! victoria ! magna est veritas, et prævalebit* (1) ! Si j'avais fait un seul mensonge à ce misérable, il connait si bien toutes les régions de la fausseté, toute sa vie a été un tel tissu d'impostures, que j'aurais été découvert au même instant. Mais je lui ai dit la vérité, et c'était le seul moyen de l'abuser. *Victoria !* mon cher Jerningham ; je suis plus fier d'avoir trompé Christian, que je ne le serais d'avoir fait voir des étoiles en plein jour à un ministre d'état.

— C'est faire un grand éloge de sa prudence, milord, dit Jerningham.

— Ou du moins de son astuce, répondit le duc ; et dans les cours elle l'emporte souvent sur la prudence, de même que dans la rade d'Yarmouth une barque de pêcheurs battra une frégate. Mais, si je puis l'empêcher, il ne reviendra à Londres qu'après le dénouement de toutes ces intrigues.

Comme il parlait encore, un gentilhomme de sa chambre vint annoncer le colonel qu'il avait plusieurs fois demandé.

— Aurait-il rencontré Christian ? s'écria le duc avec vivacité.

— Non, milord. Le colonel est arrivé par l'escalier du vieux jardin.

— Je m'en doutais. C'est un hibou qui ne se montrera pas au grand jour, tant qu'il trouvera un buisson pour

(1) Grande est la vérité : elle prévaudra. — ÉD.

se cacher. Le voilà arrivant par une allée tortueuse et encombrée de ruines, avec une figure presque aussi sinistre que l'oiseau de mauvais augure auquel il ressemble.

Le colonel, car on paraissait ne lui donner d'autre nom que le titre de son grade militaire, entra en ce moment dans l'appartement. C'était un homme robuste, de grande taille, paraissant avoir passé l'âge moyen de la vie, et dont la physionomie aurait pu être belle, si son front n'eût été comme couvert d'un sombre nuage. Lorsque le duc lui parlait, il baissait vers la terre ses gros yeux sérieux, mais il les levait en lui répondant, et fixait sur lui le regard d'un observateur attentif. Son costume était fort simple, et ressemblait plus à celui des puritains qu'à celui des Cavaliers de ce temps; un chapeau noir à larges bords, semblable au *sombrero* des Espagnols, un grand manteau noir et une longue rapière, lui donnaient assez l'air d'un Castillan; et sa raideur ainsi que sa gravité y ajoutaient encore.

— Eh bien! colonel, dit le duc, il y a long-temps que nous ne nous sommes vus. Comment avez-vous passé le temps?

— Comme le passent les gens actifs quand les circonstances les condamnent à l'inaction, répondit le colonel; comme le brigantin échoué sur la vase dans une crique, et dont la sécheresse fend toutes les planches.

— Eh bien, colonel, j'ai déjà donné de l'occupation à votre valeur, et je puis avoir à lui en donner encore. Ainsi, que je voie bientôt le brigantin bien radoubé et prêt à appareiller.

— J'en conclus que Votre Grace a quelque voyage à faire faire.

—Au contraire, c'en est un qu'il s'agit d'interrompre.

— C'est une autre chanson sur le même air. Eh bien, milord, j'écoute.

— Oh! ce n'est qu'une bagatelle après tout. Vous connaissez Ned Christian?

— Sans doute, milord; nous nous connaissons depuis long-temps.

— Il va dans le comté de Derby pour y chercher certaine nièce qu'il aura de la peine à y trouver. Or, je compte sur votre amitié éprouvée pour empêcher son retour. Partez avec lui, ou allez à sa rencontre; cajolez-le, ou attaquez-le : en un mot, faites de lui ce qu'il vous plaira, mais arrangez-vous pour qu'il ne revienne pas à Londres avant quinze jours : ce délai passé, peu m'importe ce qu'il deviendra.

— Car je suppose qu'à cette époque vous consentez qu'on trouve la nièce, si quelqu'un juge qu'elle vaille la peine qu'on la cherche.

— Vous pouvez m'en croire, elle mérite la peine que vous la cherchiez pour vous-même; elle porte bien des milliers de livres dans son tablier. Une telle femme vous épargnerait la peine de vivre aux dépens du public.

— Milord, répondit le colonel d'un air sombre, je vends mon sang et mon épée, mais je ne vends pas mon honneur. Si je me marie jamais, mon lit nuptial pourra être pauvre, mais il sera honnête.

— En ce cas, votre femme sera la seule chose honnête qui ait jamais été en votre possession, du moins depuis que je vous connais.

— Votre Grace peut dire sur ce point tout ce que bon lui semblera. Ce sont vos affaires qui m'ont principalement occupé depuis quelque temps; et, si elles étaient moins honnêtes que je ne l'aurais désiré, celui qui ordonne est aussi blâmable que celui qui exécute. Mais moi épouser une maîtresse congédiée ; oh ! il n'existe personne, sauf Votre Grace, qui peut tout se permettre avec moi, qui osât m'en faire la proposition.

Le duc partit d'un grand éclat de rire. — Vraiment, dit-il, c'est précisément ce que dit mon vieux Pistol.

> Quoi ! vais-je devenir sir Pandarus de Troie,
> Tandis qu'à mon côté brille ce noble fer ?
> Que mille fois plutôt tout aille à Lucifer (1) !

— J'ai été élevé trop simplement pour comprendre des fragmens de vers de comédie, milord, dit le colonel d'un ton bourru. Votre Grace a-t-elle d'autres ordres à me donner ?

— Aucun. A propos, on m'a dit que vous avez publié une narration sur quelques événemens relatifs à la conspiration ?

— Et qui m'en aurait empêché, milord ? je me flatte que je suis un témoin aussi irrécusable qu'aucun de ceux qui ont été entendus jusqu'ici.

— En vérité j'en suis complètement convaincu ; et il m'aurait paru bien dur, quand il y avait tant à gagner à mal faire, qu'un aussi bon protestant que vous n'eût pas sa part du gâteau.

— Je suis venu pour prendre les ordres de Votre Grace, milord, et non pour être en butte aux traits de son esprit.

— Bien parlé, noble et immaculé colonel. Comme vous allez être à mon service, à paye entière, pour un

---

(1) Shakspeare. *Henri V*. — Éd.

mois, je vous prie d'accepter cette bourse pour votre équipement et vos dépenses imprévues. Partez; vous recevrez de temps en temps mes instructions.

— Et elles seront ponctuellement exécutées, milord, dit le colonel; je connais les devoirs d'un officier subalterne. Je souhaite le bonjour à Votre Grace.

A ces mots, il mit la bourse dans sa poche, sans avoir l'air d'hésiter à l'accepter, sans en témoigner aucune reconnaissance, mais uniquement comme étant la condition d'une affaire régulière, une partie essentielle d'un traité, et il sortit de l'appartement avec toute sa gravité sombre.

— Voilà bien un coquin suivant mon cœur, dit le duc en le voyant partir: voleur dès son berceau, assassin depuis qu'il a pu manier un poignard, profond hypocrite en religion, plus hypocrite encore en honneur, brigand qui vendrait son ame au diable pour accomplir un crime, et qui couperait la gorge à son frère, s'il ne craignait d'encourir le nom qu'on donne à ce forfait. Eh bien! pourquoi cet air d'étonnement, M. Jerningham? Pourquoi me regarder comme vous regarderiez un monstre des Indes dont la vue vous aurait coûté un shelling? Pourquoi ouvrir vos grands yeux ronds, comme si vous aviez peur de perdre un sou de l'argent que vous auriez donné? Croyez-moi, clignez les yeux pour conserver votre vue, et chargez votre langue de m'expliquer ce mystère.

— Sur ma parole, milord, puisque vous me forcez de parler, tout ce que je puis dire, c'est que, plus je vis avec Votre Grace, plus je suis embarrassé pour pénétrer dans les motifs de vos actions. D'autres font des plans pour trouver du plaisir ou du profit à les exécuter, mais vous, milord, vous semblez vous plaire à faire échouer vos propres projets à l'instant même de les accomplir, comme un enfant, pardonnez-moi cette comparaison, comme un enfant qui brise le jouet dont il s'est amusé, ou comme un homme qui met le feu à sa maison à demi construite.

— Eh pourquoi non, s'il veut se chauffer les mains à la chaleur de l'incendie?

— Fort bien, milord; mais ne risque-t-il pas de se brûler les doigts? Une des plus nobles qualités de Votre Grace est d'écouter quelquefois la vérité sans vous en offenser; mais, quand il en serait autrement, je ne pourrais m'empêcher, en cet instant, de vous la dire.

— Eh bien! continue, je suis disposé à l'entendre, dit le duc en se jetant dans un fauteuil, et en prenant un cure-dent avec un air d'indifférence gracieuse et de magnanimité; je suis curieux de savoir ce que des pots de terre comme toi pensent de nous, qui sommes des vases de la plus pure porcelaine (1).

— Permettez-moi donc, milord, de vous demander, au nom du ciel, quel mérite vous vous attribuez, quel avantage vous espérez pour avoir introduit dans tout ce qui vous concerne un chaos semblable à celui de ce poëme du vieil aveugle de Tête-Ronde, que Votre Grace aime tant (2)? Pour commencer par le roi, il sera courroucé, en dépit de toute sa bonne humeur, de vous voir devenir encore une fois son rival.

— Sa Majesté m'en a défié.

— Vous avez sacrifié vos vues sur l'île de Man en vous brouillant avec Christian.

(1) Allusion à un vers de Dryden. — Éd.
(2) Le Paradis perdu de Milton. — Éd.

— Je n'en donnerais pas maintenant un farthing.

— En perdant Christian, que vous avez insulté, et dans la famille duquel vous voulez porter le déshonneur, vous avez perdu un adhérent plein de sagacité, de zèle et de sang-froid.

— Pauvre Jerningham! je suis sûr que Christian en dirait autant de toi, si je te donnais demain ton congé. Votre erreur générale, à vous autres instrumens subalternes, c'est de vous croire indispensables. Quant à sa famille, comme elle ne fut jamais honorable, rien de ce que je puis faire ne peut la déshonorer.

— Je ne parlerai pas de Chiffinch à Votre Grace, et cependant il aura assez d'humeur quand il saura que la jeune fille n'est plus chez lui, et qu'il apprendra comment et à cause de qui elle en est sortie. Mais je ne vous parle ni de lui ni de son épouse.

— Et vous avez raison; quand bien même ils seraient dignes qu'on parlât d'eux en ma présence, leur disgrace est une des conditions que la duchesse de Portsmouth a mises à notre réconciliation.

— Jusqu'à ce limier de colonel, comme il se nomme, Votre Grace ne peut le lâcher sur la proie qu'il doit poursuivre, sans lui faire une indignité dont il se souviendra pour vous sauter à la gorge, si jamais il en trouve l'occasion.

— Et j'aurai soin qu'il n'en trouve point. Toutes vos craintes sentent la crapule, Jerningham. Battez bien votre chien, si vous voulez qu'il vous obéisse, et ne laissez pas ignorer à vos agens que vous savez les connaître et les apprécier. Un scélérat qu'on traiterait en homme d'honneur finirait par s'oublier. Mais c'est assez d'avis et de censure, Jerningham; nous différons sur tous les points. Si nous étions deux ingénieurs, vous passeriez votre vie à suivre les mouvemens du rouet d'une vieille femme qui file une once de chanvre par jour; et je serais sans cesse au milieu des machines les plus compliquées, des poids et des contre-poids, des rouages, donnant la vie et le mouvement aux chefs-d'œuvre de la mécanique la plus ingénieuse, et réglant la marche de cent ressorts.

— Et votre fortune pendant ce temps, milord? Excusez cette dernière observation.

— Ma fortune est trop grande pour craindre une petite blessure. D'ailleurs tu sais que j'ai en réserve mille recettes pour guérir les égratignures et les contusions qu'elle reçoit quelquefois en graissant mes rouages.

— Votre Grace veut-elle parler de la poudre de projection du docteur Wilderhead?

— Fi donc! c'est un empirique, un charlatan.

— Ou du plan de Drowndland pour dessécher les marais?

— Encore moins, c'est un escroc, c'est-à-dire un procureur.

— Ou de la vente des bois du laird de Lackpelf, dans les montagnes d'Écosse?

— C'est un Écossais, c'est-à-dire fourbe et mendiant.

— Il s'agit donc des rues commencées sur le terrain voisin de votre palais?

— L'architecte est un sot, et ce plan n'est qu'une billevesée. Je suis las de voir tous ces décombres, et je compte remplacer incessamment nos allées, nos bosquets et nos parterres, par un jardin à l'italienne et un nouveau palais.

— Ce serait ruiner votre fortune, milord, au lieu de la réparer.

— Esprit étroit et bouché! as-tu donc oublié la plus belle de toutes les spéculations, les pêcheries de la mer du Sud? Les actions gagnent déjà cinquante pour cent. Cours à la Bourse, et dis au vieux Manassès de m'en acheter pour vingt mille livres. Pardonne-moi, Plutus, si j'osais attendre tes faveurs en oubliant d'offrir un sacrifice sur ton autel. Cours donc, Jerningham, fais hâte, vole comme s'il s'agissait de ta vie.

Les mains et les yeux levés vers le ciel, Jerningham sortit de l'appartement, et le duc, sans songer un instant de plus à ses intrigues anciennes ou nouvelles, au traité d'amitié qu'il venait de conclure, aux inimitiés qu'il avait provoquées, à la beauté qu'il avait enlevée à ses protecteurs naturels et à son royal amant, au monarque dont il venait de se déclarer le rival, s'assit pour calculer des chances, avec tout le zèle d'un Demoivre, se lassa de cette occupation ennuyeuse au bout d'une demi-heure, et refusa de voir l'agent zélé qu'il avait employé à la Bourse, uniquement parce qu'il s'était mis à composer une nouvelle satire.

CHAPITRE XXXIX.

« Ah quel cœur inconstant! Quel naturel volage! »
Les Progrès du mécontentement.

Rien n'est plus commun dans les ouvrages du genre de celui-ci, que l'enlèvement de la belle sur qui l'intérêt romanesque est supposé se concentrer ; mais celui d'Alice Bridgenorth eut cela de particulier, que le duc de Buckingham en donna l'ordre plutôt par esprit de contradiction que par une passion véritable. Comme il lui avait fait sa première visite chez Chiffinch par le désir d'aller sur les brisées de son souverain, et non par suite de l'impression que pouvait avoir faite sur lui une beauté qu'il ne connaissait encore que par ouï-dire, il avait de même formé tout à coup le projet de la faire enlever par ses agens plutôt pour intriguer le roi, Christian, Chiffinch et tous ceux qui y prenaient intérêt, que par un désir bien prononcé de jouir de sa société chez lui. C'était si bien la vérité, qu'il éprouva plus de surprise que de joie lorsqu'il apprit le succès de l'acte de violence qui l'y avait conduite, quoiqu'il soit probable qu'il se serait livré à quelque accès de fureur si ses ordres n'avaient pu s'exécuter.

Vingt-quatre heures s'étaient passées depuis son retour chez lui, et, quoique Jerningham n'eût pas manqué de lui rappeler plusieurs fois le souvenir de sa belle prisonnière, il n'avait pas encore pu se décider à secouer son indolence ordinaire au point d'aller lui rendre une visite, et quand enfin il s'y détermina, ce fut avec la répugnance secrète d'un homme à qui rien ne peut plaire que la nouveauté.

— Je ne conçois pas, se dit-il à lui-même, ce qui a pu m'engager à m'embarrasser de cette belle, et à me condamner à entendre les rapsodies hystériques d'une Philis campagnarde dont la tête est farcie des leçons de sa grand'mère sur la vertu et la Bible, quand, sans me donner aucune peine, je pourrais avoir les femmes les plus jolies et les mieux élevées de la capitale. C'est dommage qu'on ne puisse monter sur le char de triomphe du vainqueur sans avoir à se vanter d'une victoire; et cependant c'est ce que font la plupart de nos galans à la mode, mais c'est ce qui ne conviendrait pas à Buckingham. Allons, il faut que je la voie, quand ce ne serait que pour en débarrasser ma maison. Cependant la Portsmouth ne voudra pas qu'elle soit remise en liberté si près de Charles, tant elle craint qu'une nouvelle belle n'attache à son char le vieux pécheur. Qu'en ferai-je donc? elle est trop riche pour que je l'envoie à

Cliefden comme femme de charge. C'est une affaire à laquelle il faudra réfléchir.

Il prit le costume qui faisait le mieux ressortir les avantages personnels qu'il tenait de la nature, attention qu'il crut se devoir à lui-même; quant au reste, il se préparait à aller voir sa belle captive avec la même nonchalance qu'on met à se battre en duel quand on n'y apporte pas un intérêt plus vif que celui de maintenir sa réputation d'homme d'honneur.

L'appartement destiné à l'habitation des favorites qui faisaient de temps en temps une résidence momentanée chez le duc, et qui y jouissaient à peu près de la même liberté que laissent les règles d'un couvent, était entièrement séparé du reste de sa maison. Il vivait dans un siècle où ce qu'on appelait la galanterie justifiait les actes les plus atroces de perfidie et de violence. On peut en donner pour preuve la catastrophe d'une actrice infortunée, dont la beauté avait allumé les désirs de de Vere, comte d'Oxford. N'ayant pu triompher de sa vertu, il la trompa par un faux mariage; et, quoique ce stratagème eût occasioné la mort de sa victime, il fut récompensé du succès qu'il avait obtenu par les applaudissemens unanimes des galans beaux esprits qui remplissaient les antichambres de Charles.

Buckingham avait réuni dans l'intérieur de son palais ducal tout ce qui pouvait lui être utile pour des exploits du même genre; et le corps de logis dans lequel il se rendait alors offrait tout ce qui pouvait être agréable aux sultanes qui l'habitaient volontairement, et tout ce qui était nécessaire pour assurer la captivité des victimes que la contrainte y retenait.

Comme il servait alors à ce dernier usage, la clef fut

présentée au duc par une vieille dame à capuchon et à lunettes, qui était assise, lisant un livre de dévotion, dans une espèce de vestibule servant de point de communication entre le principal corps de logis et celui qu'on nommait ordinairement le couvent. Cette douairière pleine d'expérience jouait le rôle de maîtresse des cérémonies en ces occasions, et elle était la fidèle dépositaire de plus d'intrigues que n'en connaissent douze femmes respectables qui s'occupent du même métier.

— C'est une aussi jolie linotte qu'on en ait jamais entendue chanter dans une cage, dit-elle en ouvrant la première porte.

— Je crains qu'elle n'ait passé le temps à pleurer plutôt qu'à chanter, Dowlas, dit le duc.

— Encore hier, nous n'entendions que des sanglots, milord, et cela même a duré, pour dire la vérité, jusqu'à ce matin. Mais l'air de la noble maison de Votre Grace est favorable aux oiseaux chanteurs, et aujourd'hui les choses vont beaucoup mieux.

— C'est un changement bien soudain, et il me semble étrange qu'avant même que j'aie été la voir, la petite peureuse ait pris si bravement son parti.

— Ah! milord, Votre Grace a une vertu magique qui se fait sentir à travers les murailles, comme le dit l'Exode, chapitres I et VII : « Elle fend les murs et les portes. »

— Vous avez de la partialité, dame Dowlas.

— Je ne dis que la vérité, milord; et puissé-je être rejetée de la bergerie des agneaux sans tache, si je ne crois pas que tout est changé en elle depuis qu'elle est chez vous, même son extérieur! Il me semble qu'elle a la taille plus svelte, la démarche plus légère, l'allure plus dégagée. Enfin il y a un changement bien sûr, quoique je ne puisse dire précisément en quoi; car Votre Grace sait que je suis aussi vieille que fidèle, et que mes yeux commencent à s'affaiblir.

— Surtout quand vous les lavez avec du vin des Canaries, dame Dowlas, dit le duc, qui savait que la tempérance n'était pas au nombre des vertus cardinales pratiquées par la béate.

— Du vin des Canaries! s'écria la matrone offensée; et c'est avec du vin des Canaries que Votre Grace prétend que je me lave les yeux! Je suis fâchée que Votre Grace me connaisse si mal.

— Je vous demande pardon, dame Dowlas, dit le duc en secouant dédaigneusement du bout des doigts la manche de son habit, que la duègne avait saisie dans l'ardeur de sa justification; je vous demande pardon, vous m'avez détrompé en m'approchant de plus près : j'aurais dû dire de l'eau-de-vie, et non du vin des Canaries.

Et, tout en parlant ainsi, il entra dans l'appartement, meublé avec une magnificence voluptueuse.

— La vieille a pourtant raison, dit l'orgueilleux propriétaire de cette demeure splendide; une campagnarde peut aisément se réconcilier avec une prison comme celle-ci. C'est une volière dans laquelle un pareil oiseau peut entrer sans qu'il faille l'appeau d'un bien habile oiseleur pour l'y attirer. — Mais où est-elle donc cette Philis champêtre? Est-il possible que, comme un commandant qui désespère de défendre une ville, elle se soit retirée dans la citadelle, dans la chambre à coucher, sans même essayer de disputer les avant-postes.

Tout en parlant ainsi, il traversait une antichambre

et une petite salle à manger, meublées avec une élégance recherchée, où l'on voyait quelques tableaux de l'école vénitienne, et il entrait dans un salon dont l'ameublement offrait aux yeux une magnificence encore plus grande. Les croisées en étaient garnies de verres de couleurs, à travers lesquels les rayons du soleil de midi imitaient les riches teintes qu'ils prennent au coucher de cet astre; et, suivant la célèbre expression du poète, apprenaient à la lumière à simuler l'obscurité.

Buckingham était trop habitué à voir tout céder à ses fantaisies et à ses goûts, pour être en général sensible même à ces plaisirs qu'il s'était fait toute sa vie une affaire de poursuivre. Le voluptueux blasé est comme l'épicurien arrivé à cet état de satiété où rien ne peut plus aiguiser son appétit, punition suffisante d'avoir fait de la bonne chère le principal objet de ses pensées et de ses jouissances. Cependant la nouveauté a toujours quelques charmes, et l'incertitude en ajoute encore de nouveaux.

L'incertitude où le duc était sur l'accueil qu'il allait recevoir, le changement d'humeur qu'on disait survenu dans sa captive, la curiosité de savoir comment une jeune fille, telle qu'on lui avait représenté Alice, le recevrait dans les circonstances où elle se trouvait placée d'une manière si inattendue, excitaient dans Buckingham un intérêt peu ordinaire. Il était loin d'éprouver cette sensation d'inquiétude qui anime tout homme, même celui qui a reçu en partage l'esprit le plus grossier, quand il arrive en présence de la femme à qui il désire plaire, encore bien moins les sentimens plus exaltés d'amour, de respect, de désir et d'admiration avec lesquels l'amant véritablement épris s'approche de l'objet aimé. Il avait été, pour me servir d'un mot français très-expressif, trop complètement *blasé*, même dès sa première jeunesse, pour ressentir l'empressement tout physique de l'un, et encore moins le plaisir plus sentimental de l'autre. Ce qui rend encore plus fâcheux cet état de satiété et de dégoût, c'est que le voluptueux ne peut renoncer aux plaisirs. Il faut qu'il continue, soit par habitude, soit pour soutenir sa réputation, à encourir les peines, les fatigues, les dangers de la chasse, tandis qu'il ne prend presque aucun intérêt au gibier qu'il poursuit.

Buckingham crut donc qu'il devait à sa renommée, comme ayant été le héros de tant d'intrigues amoureuses, de se présenter devant Alice Bridgenorth avec une apparence d'empressement. Avant d'ouvrir la porte du salon, il s'arrêta pour réfléchir s'il devait prendre en cette occasion le ton de la galanterie ou celui de la passion. Ce délai suffit pour lui faire entendre les sons harmonieux d'un luth accompagnés par la voix encore plus harmonieuse d'une femme, qui, sans exécuter aucun air, semblait s'amuser à rivaliser avec le son argentin de son instrument.

Une créature qui a reçu une telle éducation, pensa le duc, et qui a le bon sens qu'on lui suppose, ne ferait que rire, toute campagarde qu'elle est, des rodomontades passionnées d'un Oroondate. — C'est la manière de Dorimant (1) qu'il faut adopter ici. — C'était la tienne autrefois, Buckingham. — D'ailleurs ce rôle est le plus facile.

(1) Dorimant est l'homme de bon ton (selon le siècle) de la pièce d'Etheredge intitulée *l'Homme à la mode*. — Éd.

Ayant pris cette résolution, il entra dans le salon avec cet air de grace et d'aisance qui caractérisait les élégans courtisans au milieu desquels il florissait, et s'avança vers la belle captive, qu'il trouva assise devant une table couverte de livres de musique, près d'une grande fenêtre à demi ouverte, dont les verres de couleur n'admettaient qu'un demi-jour dans ce superbe appartement, orné des plus belles tapisseries des Gobelins, de magnifiques vases de porcelaine et de glaces de la plus grande beauté. On aurait dit un boudoir décoré par un prince pour y recevoir sa fiancée.

Le costume splendide de la prisonnière répondait au style de l'appartement qu'elle occupait, et avait quelque chose du goût oriental que la célèbre Roxelane avait alors mis à la mode. Un petit pied et une jambe fine qui dépassait un pantalon de satin bleu richement brodé, étaient les seules parties de sa personne qu'on pût voir distinctement; — la jeune dame était d'ailleurs presque enveloppée par un long voile de gaze d'argent qui, produisant le même effet qu'un léger brouillard sur un beau paysage, laissait deviner les charmes qu'il cachait, et portait même l'imagination à en relever le prix. Toutes les parties de sa parure qu'on pouvait apercevoir étaient, comme le voile et le pantalon, dans le goût oriental; un riche turban, un magnifique cafetan, étaient plutôt indiqués par les plis que formait le voile, qu'ils ne se laissaient apercevoir à travers ce tissu. Tout dans cette toilette annonçait au moins quelque coquetterie de la part d'une belle à qui sa situation devait faire attendre une visite accompagnée de quelques prétentions. Cette idée n'échappa point à Buckingham, qui sourit intérieurement en se rappelant ce que Christian lui avait dit de l'innocence et de l'extrême simplicité de sa nièce.

Il s'avança vers elle avec un air cavalier, et en homme qui semble croire que la condescendance qu'il veut bien avoir de reconnaître une faute doit suffire pour la faire pardonner.

— Belle Alice, dit-il, je sens combien je vous dois d'excuses pour le zèle indiscret de mes gens, qui, vous voyant abandonnée et sans protection pendant une malheureuse querelle, ont pris sur eux de vous conduire dans la maison d'un homme qui exposerait sa vie pour vous épargner un moment d'inquiétude. Était-ce ma faute s'ils ont cru devoir intervenir pour vous mettre en sûreté; ou si, connaissant tout l'intérêt que je devais prendre à vous, ils vous ont retenue ici jusqu'à ce que je pusse venir moi-même recevoir vos ordres.

— Vous ne vous êtes pas trop pressé, milord; j'ai été prisonnière deux jours entiers, négligée, abandonnée à des mercenaires.

— Que dites-vous, belle Alice? Négligée! de par le ciel! si vous avez la moindre plainte à m'adresser contre qui que ce soit de ma maison, il en sera chassé à l'instant.

— Je ne me plains pas de vos gens, milord, mais il me semble que vous auriez pu m'expliquer vous-même plus tôt pourquoi vous avez la hardiesse de me retenir ici comme une prisonnière d'état.

— Et la divine Alice peut-elle douter que si le temps, ce cruel ennemi des plus tendres passsions, me l'eût permis, l'instant qui vous a vue passer le seuil de la porte de votre vassal n'en eût vu à vos pieds le maître, qui vous est tout dévoué, et qui, depuis le fatal moment

où vous parûtes à ses yeux chez Chiffinch, n'a fait que
songer à vos charmes ?

— Je dois donc en conclure, milord, que vous avez
été absent, et que vous n'avez eu aucune part à la contrainte qui a été exercée contre moi ?

— Absent par ordre du roi, belle Alice, répondit
Buckingham sans hésiter, et occupé à remplir les devoirs
qui m'avaient été imposés. Que pouvais-je faire? A l'instant où vous sortîtes, Sa Majesté m'ordonna de monter
à cheval, et il fallut obéir si précipitamment, que je
n'eus pas le temps de quitter mes brodequins de satin
pour prendre des bottes. Si mon absence vous a occasioné un moment d'inquiétude, blâmez-en le zèle inconsidéré de ceux qui, me voyant partir de Londres presque
désespéré de me séparer de vous, crurent mal à propos
sans doute, mais dans de bonnes intentions, devoir faire
tous leurs efforts pour sauver leur maître du désespoir,
en lui conservant la charmante Alice. Et entre les mains
de qui auraient-ils pu vous confier? celui que vous aviez
choisi pour protecteur est en prison ou en fuite, votre
père n'est pas à Londres, votre oncle est parti pour le
nord de l'Angleterre, vous n'auriez pas voulu retourner
chez Chiffinch : quel asile plus convenable pourriez-vous
choisir que la maison d'un homme qui est votre esclave,
et où vous régnerez toujours en souveraine ?

— En souveraine emprisonnée! je ne désire pas une
pareille souveraineté.

— Comme vous feignez de ne pas me comprendre, dit
le duc en fléchissant un genou devant elle, quel droit
avez-vous de vous plaindre de quelques heures d'une
captivité qui n'a rien eu de rigoureux, vous, destinée
à réduire tant de cœurs dans un esclavage éternel!

Soyez une fois miséricordieuse; et écartez ce voile envieux, car ce ne sont que les divinités les plus cruelles qui rendent leurs oracles dans de sombres retraites. Souffrez du moins que ma main téméraire....

— J'épargnerai à Votre Grace une peine indigne d'elle, répondit la jeune personne avec un ton de hauteur; et, se levant, elle rejeta sur ses épaules le voile qui la couvrait. — Regardez-moi, milord, dit-elle en même temps, et voyez si ce sont réellement ces charmes qui ont fait tant d'impression sur votre Grace.

Buckingham la regarda, et la surprise produisit sur lui un tel effet, qu'il se releva précipitamment, et resta quelques secondes comme pétrifié. La femme qui était debout devant lui n'avait pas la belle taille d'Alice, et quoiqu'elle fût bien faite, la petitesse de tous ses membres lui donnait presqu'un air enfantin. Ses vêtemens consistaient en trois ou quatre vestes de satin brodé, disposées l'une sur l'autre, et de différentes couleurs, ou plutôt de diverses nuances de la même couleur. Elles s'ouvraient sur le devant de manière à laisser voir une partie du sein, caché par une collerette de la plus belle dentelle. La captive portait par-dessus une sorte de manteau de la plus riche fourrure. Un petit turban, mais d'une grande beauté, était placé négligemment sur sa tête et laissait échapper de belles tresses de cheveux noirs que Cléopâtre aurait enviés. Le goût et la splendeur de ce costume oriental étaient parfaitement d'accord avec le teint de celle qui le portait, car la couleur en était presque assez foncée pour la faire passer pour une Indienne.

Une physionomie vive et expressive avait bien son prix à défaut d'une beauté régulière, et des yeux brillans comme des diamans, et des dents aussi blanches que des perles, n'échappèrent pas à l'attention du duc de Buckingham, excellent connaisseur en charmes féminins. En un mot, la femme bizarre et singulière qui s'offrait si inopinément à ses regards avait une de ces figures qu'il est impossible de voir sans qu'elles fassent une impression dont on se souvient encore long-temps après qu'elle est effacée : impression à laquelle notre imagination attribue cent motifs, et qu'elle suppose causée par l'influence de différens genres d'émotion. Chacun doit se rappeler quelques physionomies de ce genre qui, par une originalité séduisante d'expression, vivent plus long-temps dans la mémoire et captivent l'imagination plus que des beautés plus régulières.

— Milord, dit-elle, il semble que mon voile levé ait produit un effet magique sur Votre Grace. Est-ce ainsi que vous regardez la princesse captive dont le moindre signe devait être un ordre pour un vassal si illustre ? Hélas ! je crois qu'elle court le risque d'être mise à la porte comme Cendrillon, pour aller chercher fortune parmi les laquais et les porteurs.

— Je suis confondu ! s'écria le duc. Il faut que ce coquin de Jerningham..... Je briserais les os de ce misérable !

— Ne cherchez pas querelle à Jerningham, milord, prenez-vous-en plutôt à votre malheureuse absence. Pendant que vous étiez à courir la poste, par ordre du roi, en brodequins de satin, la véritable dame de vos pensées passait ici son temps dans le deuil et les larmes, dans la solitude à laquelle votre éloignement la condamnait. Elle y est restée deux jours inconsolable, mais le troisième une enchanteresse africaine vint opérer un changement de scène pour elle, et une métamorphose de personne pour Votre Grace. Il me semble, milord, que cette aventure ne sonnera pas trop bien lorsque quelque fidèle ménestrel chantera les prouesses galantes du duc de Buckingham.

— Battu et bafoué en même temps ! s'écria le duc, mais, de par tout ce qui est piquant ! la petite a du talent pour la satire. Dites-moi, belle princesse, comment avez-vous osé être complice d'un pareil tour ?

— Osé, milord. Faites cette question à d'autres, et non à une femme qui ne craint rien.

— Sur mon ame, je le crois, car ton front a été bronzé par la nature. Mais répondez-moi, mistress; quel est votre nom ? quelle est votre condition ?

— Ma condition ? Je vous l'ai déjà dit : je suis enchanteresse de profession, née en Mauritanie. Mon nom ? Zarah.

— Mais il me semble que cette figure, cette taille, ces yeux.... Dites-moi, ne vous êtes-vous jamais fait passer pour une fée danseuse ? N'étiez-vous pas quelque chose de semblable, il n'y a que deux ou trois jours ?

— Vous pouvez avoir vu ma sœur, ma sœur jumelle, mais non pas moi, milord.

— En vérité ! Eh bien ! votre double, si ce n'était pas vous, était possédée d'un démon muet, comme vous l'êtes de l'esprit du babil; mais j'ai encore dans l'idée que vous et elle vous ne faites qu'une, et que Satan, qui est toujours si puissant sur votre sexe, vous a douée, lors de votre première entrevue, du pouvoir de retenir votre langue.

— Croyez-en ce qu'il vous plaira, milord : votre persuasion ne changera rien à la vérité. Et maintenant je vais prendre congé de votre Grace. A-t-elle quelques ordres à me donner pour la Mauritanie?

— Un instant, ma princesse, un instant. Songez que vous avez pris ici volontairement la place d'une autre, et que vous vous êtes par là soumise à telle peine qu'il me plaira de vous infliger. Personne ne bravera Buckingham avec impunité.

— Je ne suis pas trop pressée, milord; et si Votre Grace a quelques ordres à me donner, je puis les attendre.

— Quoi! ne craignez-vous ni mon ressentiment, ni mon amour, belle Zarah?

— Ni l'un ni l'autre, de par ce gant! Votre ressentiment doit être une passion bien mesquine, s'il peut s'abaisser jusqu'à tomber sur un être aussi faible que je le suis; et quant à votre amour.... hélas! hélas!

— Et pourquoi hélas! et pourquoi ce ton de mépris? Croyez-vous que Buckingham ne puisse aimer, et n'ait jamais été payé de retour?

— Il a pu se croire aimé, mais par quelles créatures? par des femmes dont quelques insipides tirades de comédie suffisaient pour tourner la tête, dont le cerveau n'était rempli que de souliers à talons rouges, et de brodequins de satin blanc, pour qui l'argument d'une étoile brodée sur un habit était irrésistible.

— Et n'existe-t-il donc pas dans votre pays des belles aussi fragiles, dédaigneuse princesse?

— Sans doute, il en existe; mais on les regarde comme des perroquets et des singes, des créatures qui n'ont ni ame ni sentiment, ni cœur ni tête. La proximité du soleil a purifié nos passions en leur donnant plus de force. Les glaçons de votre froid climat vous serviront de marteaux pour convertir des barres de fer rouge en socs de charrue, avant que la sottise et la fatuité de votre prétendue galanterie fasse la plus légère impression sur un cœur comme le mien.

— Vous parlez en femme qui sait ce que c'est qu'une passion. Asseyez-vous, belle dame, et ne trouvez pas mauvais que je vous retienne encore. Qui pourrait consentir à se séparer d'une bouche dont les accens sont si mélodieux; d'un regard dont l'éloquence est si expressive? Vous connaissez donc l'amour?

— Je le connais, n'importe que ce soit par expérience ou par ouï-dire. Mais je sais qu'aimer comme je saurais aimer, ce serait ne pas céder un pouce à la cupidité, pas une ligne à la vanité, ne pas sacrifier le moindre sentiment à l'intérêt ou à l'ambition; mais tout abandonner, tout sans réserve, à la fidélité du cœur et à une affection mutuelle.

— Et combien de femmes croyez-vous capables d'éprouver une passion si désintéressée?

— Des milliers de plus qu'il n'existe d'hommes capables de la mériter. Hélas! combien de fois voyez-vous la femme pâle, misérable et dégradée, suivre avec patience les pas de quelque despote qui la tyrannise, et supporter toutes ses injustices avec la soumission d'un fidèle épagneul, qui, quoique maltraité par le maître le plus bourru et le plus inhumain, en attend un regard comme un bienfait, et en fait plus de cas que de tous les plaisirs que le monde pourrait lui procurer? Songez à ce que serait une telle femme pour celui qui mériterait et qui partagerait son affection.

— Peut-être tout le contraire; et quant à votre comparaison, je ne la trouve nullement juste. Je ne puis accuser mon épagneul de perfidie, mais pour mes maîtresses, il faudrait me presser diablement, je dois en convenir, pour avoir l'honneur de changer avant elles.

— Et elles vous traitent comme vous le méritez. Milord, qu'êtes-vous? Ne froncez pas les sourcils, il faut que vous entendiez une fois la vérité. La nature a fait ce qu'elle pouvait faire, en vous donnant les graces extérieures; et l'éducation y a ajouté ses qualités. Vous êtes noble par le hasard de la naissance; bien fait par un caprice de la nature; généreux, parce qu'il est plus facile de donner que de refuser; bien mis, ce qui fait honneur à votre tailleur; assez gai, parce que vous êtes jeune et en bonne santé; brave, parce que sans cela vous vous dégraderiez; spirituel, parce que vous ne pouvez vous empêcher de l'être.

Le duc jeta un coup d'œil sur une des grandes glaces qui ornaient le salon. — Noble, bien fait, généreux, bien mis, gai, brave! s'écria-t-il; en vérité, madame, vous m'accordez beaucoup plus que je ne prétends obtenir, et sûrement c'en est assez, à certains égards du moins, pour mériter les bonnes graces d'une femme.

— Je ne vous ai accordé ni tête, ni cœur, milord, dit Zarah avec calme. Il ne faut pas que la rougeur vous monte au visage, comme si vous vouliez me dévorer : je ne dis pas que la nature ait voulu vous les refuser, mais la folie a troublé l'une, et l'égoïsme a perverti l'autre. L'homme qui mérite d'en porter le nom est celui dont toutes les pensées et toutes les actions se rapportent aux autres plutôt qu'à lui-même, dont tous les projets sont fondés sur des principes de justice, et qui n'y renonce jamais, tant que le ciel et la terre lui fournissent les moyens de réussir. C'est celui pour qui l'espoir de se procurer un avantage indirect n'est pas un motif pour suivre la bonne route, et qui ne suit pas la mauvaise, même pour arriver à un but vraiment louable. Tel est l'homme pour qui le cœur d'une femme serait fidèle tant qu'il battrait, et qu'elle voudrait accompagner au tombeau.

Elle parlait avec tant d'énergie, que ses yeux brillaient d'un éclat presque surnaturel, et que les sentimens qu'elle exprimait appelaient de vives couleurs sur ses joues.

— Vous parlez, dit le duc, comme si vous aviez vous-même un cœur capable de payer le tribut dont vous parlez avec tant de chaleur.

— Oui, répondit-elle en appuyant la main sur son sein. Le cœur qui bat ici justifierait tout ce que j'ai dit, à la vie et à la mort.

— S'il était en mon pouvoir, dit le duc à qui cet être extraordinaire commençait à inspirer plus d'intérêt qu'il ne l'avait d'abord cru possible, s'il était en mon pouvoir d'obtenir un attachement si fidèle, je crois que je saurais le récompenser dignement.

— Votre fortune, vos titres, votre réputation de galanterie, tout ce que vous possédez, seraient trop peu de chose pour mériter une affection si sincère.

— Allons, belle dame, dit le duc d'un ton piqué, ne soyez pas tout-à-fait si dédaigneuse. Croyez que, si votre amour est de l'or bien marqué, un pauvre diable peut au moins vous offrir de l'argent en échange. La quantité alors fait passer sur la qualité.

—Mais je ne porte pas mon affection au marché, milord, et je n'ai par conséquent nul besoin de la fausse monnaie que vous m'offrez en échange.

— Comment puis-je le savoir, ma charmante? C'est ici le royaume de Paphos. Vous l'avez envahi, vous savez mieux que moi dans quel dessein; mais je ne crois pas qu'il soit d'accord avec cet air de cruauté que vous affectez. Allons, allons, des yeux si brillans peuvent lancer des éclairs de plaisir aussi bien que de mépris et de colère. Vous êtes ici une épave sur le domaine de Cupidon; et je vous saisis au nom de ce petit dieu.

— Ne me touchez pas, milord, ne m'approchez pas, si vous désirez apprendre pourquoi je suis ici. Votre Grace peut se supposer un Salomon, si bon lui semble; mais je ne suis pas une reine venue d'un climat éloigné pour flatter votre orgueil, ou admirer votre gloire.

— Un défi, de par Jupiter! s'écria le duc.

— Vous vous méprenez, milord. Je ne suis pas venue ici sans prendre les précautions nécessaires pour assurer ma retraite.

— C'est parler bravement; mais jamais commandant de forteresse ne vante plus ses ressources que lorsque la garnison pense à capituler. Voici comme j'ouvre ma première tranchée.

Ils avaient été séparés jusqu'alors par une table longue et étroite, qui, placée près de la croisée dont nous avons déjà parlé, formait une sorte de barrière entre la dame menacée et le chevalier entreprenant qui osait l'attaquer. Le duc tira la table pour l'écarter; mais, au même instant, l'inconnue, qui avait l'œil sur tous ses mouvemens, disparut par la fenêtre.

Buckingham poussa un cri de surprise et d'horreur, ne doutant pas, dans le premier instant, qu'elle ne se fût précipitée d'une hauteur de quatorze pieds au moins, car la croisée était à cette distance de la terre. Mais, s'étant mis à la hâte à la croisée, il vit, à son grand étonnement, qu'elle en était descendue avec agilité et sans accident.

L'extérieur de cette grande maison était décoré d'une quantité de sculptures offrant ce mélange d'architecture grecque et gothique qui caractérise le siècle d'Élisabeth et de ses successeurs; et, quoique le fait dût paraître surprenant, ces ornemens pouvaient offrir à une créature aussi agile et aussi légère des points d'appui suffisans pour effectuer sa descente, même avec précipitation.

Brûlant de curiosité, et courroucé de la mortification qu'il venait d'éprouver, le duc pensa d'abord à la suivre par la même route, quoiqu'elle fût assez dangereuse. Il monta même dans ce dessein sur l'appui de la croisée, et il examinait où il pourrait ensuite placer le pied avec sûreté, quand du milieu d'un bosquet dans lequel l'inconnue s'était enfoncée, il entendit chanter les couplets suivans, tirés d'une chanson alors fort en vogue, faite sur un amant au désespoir qui voulait se précipiter du haut d'un rocher:

> Mais quand il s'en fut approché,
> Que tout en haut il fut perché,
> Il vit avec inquiétude
> Que la chute serait bien rude,
> Et réfléchit fort prudemment
> Qu'il pourrait agir autrement.
>
> L'amoureux le plus amoureux
> Qu'a trahi l'objet de ses feux
> Peut se consoler près d'une autre

(Ainsi pensait le bon apôtre) :
— Mais une fois mon cou rompu,
Qui le remettrait *in statu* ?

Le duc ne put s'empêcher de rire, quoique fort à contre-cœur, de l'allusion que ces vers faisaient à sa situation ridicule, et, redescendant dans l'appartement, il renonça à une entreprise qui aurait pu être aussi dangereuse qu'elle était absurde. Il appela ses gens à haute voix, et, en les attendant, se contenta de surveiller des yeux le bosquet dans lequel il avait vu entrer celle qui s'était nommée Zarah, ne pouvant se résoudre à croire qu'une femme, qui était venue en quelque sorte se jeter à sa tête, eût véritablement le dessein de le mortifier par une telle retraite.

Cette question fut décidée en un instant. Une femme, ou plutôt une forme aérienne, couverte d'un manteau, et portant un chapeau rabattu surmonté d'une plume noire, sortit du bosquet, et disparut en un instant au milieu des ruines et des décombres qui, comme nous l'avons déjà dit, couvraient alors le domaine qu'on nommait York-House.

Les domestiques du duc, obéissant aux ordres qu'il leur avait donnés avec un ton d'impatience, parcoururent tout ce terrain à la hâte pour chercher la sirène dont la voix venait de se faire entendre. Leur maître, toujours ardent et impétueux dans ses désirs, et surtout quand sa vanité était piquée, leur prodiguait les menaces et les promesses; mais tout fut inutile : on ne trouva de la princesse de Mauritanie que son turban, son voile et ses pantoufles de satin, qu'elle avait sans doute voulu quitter pour en prendre de moins remarquables.

Voyant que toutes ses recherches étaient vaines, le duc, à l'exemple des enfans gâtés de tout âge et de toute condition, s'abandonna à la violence de sa colère, jura de se venger de celle qui l'avait joué, lui donnant tous les noms de mépris que sa mémoire put lui suggérer, parmi lesquels l'expression élégante de *créature* se fit entendre plusieurs fois.

Jerningham lui-même, qui connaissait parfaitement toutes les passions de son maître, et qui savait assez bien les manier sans les irriter presqu'à chaque occasion, ne jugea pas à propos, en celle-ci, de se présenter devant lui. Il alla s'enfermer avec la vieille béate, et protesta, en buvant avec elle une bouteille de ratafia, que, si Sa Grace n'apprenait à modérer la violence de son caractère, la solitude, les chaînes, un lit de paille et Bedlam, verraient la fin de la carrière du célèbre et accompli Villiers, duc de Buckingham.

CHAPITRE XL.

> « De ces dissensions quelle fut donc la cause ?
> Vous allez en juger ; ce n'est pas peu de chose. »
> *Albion.*

Les querelles entre mari et femme ont passé en proverbe ; mais que les bons et honnêtes époux ne s'imaginent pas que les liaisons d'une nature moins permanente soient à l'abri de semblables altercations. La boutade amoureuse du duc de Buckingham, et la disparition d'Alice Bridgenorth, qui en avait été la suite, avaient allumé le feu de la discorde chez Chiffinch lorsqu'en rentrant chez lui il apprit deux événemens si étourdissans.

—Je vous répète, cria-t-il à sa compagne obligeante qui ne paraissait que médiocrement émue de tout ce qu'il lui disait à ce sujet, je vous répète que votre maudite insouciance a ruiné l'ouvrage de bien des années.

— Je crois que vous me l'avez déjà dit vingt fois, répondit la dame; et, si vous ne me l'aviez assuré si souvent, j'aurais cru que la moindre bagatelle pouvait suffire pour renverser un plan éclos dans votre cerveau, quelque temps que vous ayez mis à le mûrir.

— Mais comment diable avez-vous été assez folle pour laisser entrer ici le duc quand vous attendiez le roi?

— Mon Dieu, Chiffinch, c'est une question que vous feriez mieux d'adresser au portier qu'à moi..... J'étais à mettre un bonnet pour recevoir Sa Majesté.

— Avec toute la grace d'une chouette, et, pendant ce temps, vous laissiez au chat le soin de garder la crême!

— En vérité, Chiffinch, vos courses à la campagne vous rendent excessivement grossier : vos bottes même ont quelque chose de brutal; et vos manchettes de mousseline, sales et chiffonnées, donnent à vos poignets un air de rusticité, je puis bien vous le dire.

— Je crois que je ferais bien, murmura Chiffinch entre ses dents, d'employer mes bottes et mes poignets à te guérir de ton affectation.... Parlant ensuite à voix haute, en homme qui veut appuyer son argument sur une concession extorquée à son adversaire, et prouver ainsi qu'il a la raison pour lui : — Je suis sûr, Kate, dit-il, que vous devez sentir que toutes nos espérances reposent sur le roi.

— Fiez-vous à moi, Chiffinch : je sais mieux que

vous ce qu'il faut faire pour mettre Sa Majesté en belle humeur. Croyez-vous que le roi soit assez fou pour pleurer comme un écolier parce que son moineau s'est envolé? Sa Majesté a trop bon goût pour cela. Je suis surprise que vous, Chiffinch, vous qui avez toujours passé pour être connaisseur en beauté, ajouta-t-elle en se redressant, vous ayez fait tant de bruit de cette campagnarde. Sur ma foi! elle n'a pas même le mérite d'être grasse comme une volaille née dans la grange; c'est une véritable mauviette dont on peut avaler la chair et les os d'une seule bouchée. Qu'importe d'où elle vient et où elle va? Il en reste après elle qui sont plus dignes des attentions de Sa Majesté, même quand la duchesse de Portsmouth est dans ses grands airs.

— Vous voulez parler de votre voisine, mistress Nelly; mais vous oubliez, Kate, qu'elle date déjà d'un peu loin. Elle a de l'esprit, mais c'est un esprit qui convient à un autre genre de compagnie. Le jargon qu'elle a appris dans une troupe de comédiens ambulans n'est pas ce qui convient à la chambre d'un prince.

— Peu importe qui je veux dire et ce que je veux dire, Tom Chiffinch; mais je vous dis que vous trouverez votre maître tout-à-fait consolé de la perte de cette pièce curieuse d'orgueil et de puritanisme dont vous aviez envie de l'affubler; comme s'il n'y avait pas assez de puritains au parlement pour faire endiabler le brave homme, sans que vous ne lui en ameniez encore jusque dans sa chambre à coucher.

— Fort bien, Kate; quand un homme aurait tout le bon sens des sept sages de la Grèce, une femme aurait encore en elle assez de déraison pour l'étourdir. Je n'en parlerai donc plus ; mais fasse le ciel que le roi soit dans l'humeur que vous lui attribuez, car j'ai ordre d'aller le trouver pour descendre la rivière avec lui et le suivre à la Tour, où il va faire je ne sais quelle inspection des armes et des munitions. Ils sont bien adroits ces drôles qui empêchent le vieux Rowley de s'occuper d'affaires ; car, sur ma parole, ce n'est pas l'envie qui lui en manque.

— Je vous garantis, répondit mistresss Chiffinch en minaudant, mais en adressant les graces qu'elle voulait se donner moins à son politique mari qu'à sa propre figure, réfléchie dans une glace ; je vous garantis que nous trouverons le moyen de l'occuper, de manière à ne plus lui laisser un instant de vide.

— Sur mon honneur, Kate, je vous trouve étrangement changée ; et pour dire la vérité, il me semble que vous êtes devenue extrêmement attachée à vos opinions. Je souhaite que cette confiance soit bien fondée.

La dame sourit d'un air dédaigneux, et ne lui fit qu'une réponse indirecte.—Je vais ordonner une barque pour suivre aujourd'hui Sa Majesté sur la Tamise.

— Prenez garde à ce que vous allez faire, Kate : personne n'oserait agir ainsi, que des dames du premier rang, la duchesse de Bolton, la duchesse de Buckingham, la duchesse de Ba.....

— A quoi bon cette longue liste ? Croyez-vous que je ne puisse me montrer aussi bien que la plus fière de toute cette kyrielle de B...?

— Je sais fort bien que tu peux le disputer à la plus grande B... de toute la cour ; ainsi fais ce que tu voudras ; mais n'oublie pas de dire à Chaubert qu'il prépare une collation, *un souper au petit couvert*, dans le cas où on le demanderait pour ce soir.

— Et c'est là que commence et finit toute votre science politique! Chiffinch, Chaubert et compagnie! — Que cette société soit rompue, et il n'est plus question de Chiffinch parmi les courtisans.

— Amen! Kate; et permettez-moi de vous apprendre qu'il vaut autant compter sur les doigts d'un autre que sur son propre esprit. Mais il faut que j'aille donner des ordres pour le départ. Si vous prenez une barque, il y a dans la chapelle quelques coussins de drap d'or que vous pourrez emporter pour couvrir les bancs, car ils ne servent à rien dans l'endroit où ils sont.

On vit donc la barque de mistress Chiffinch se mêler parmi celles qui formaient le cortège du roi sur la Tamise. La reine s'y trouvait aussi, accompagnée des principales dames de la cour. La petite et grosse Cléopâtre, vêtue aussi avantageusement que son goût avait pu le lui suggérer, et assise sur ses coussins brodés, comme Vénus sur sa conque, ne négligea rien de tout ce que pouvaient faire l'effronterie et les minauderies pour attirer sur elle les regards du roi; mais elle n'obtint de lui qu'une marque d'attention dont elle l'aurait volontiers dispensé. Comme elle avait fait avancer sa barque plus près de celle de la reine que l'étiquette ne le permettait, Charles, s'en étant aperçu, ordonna aux bateliers, d'un ton assez dur, de ramer en sens contraire, et de se retirer du cortège. Mistress Chiffinch en versa des larmes de dépit, et contrevint à l'avis de Salomon en maudissant le roi dans son cœur; mais elle n'avait pas d'autre parti à prendre que de retourner chez elle, et de diriger les apprêts de Chaubert pour le souper.

Cependant la barque royale s'arrêta à la Tour, et le monarque enjoué, accompagné d'un joyeux cortège de dames et de courtisans, entendit les échos des prisons d'État répéter des accens d'allégresse et de gaieté auxquels ils n'étaient guère accoutumés. Tandis qu'ils montaient du bord de la rivière au centre des édifices où s'élève ce beau et ancien donjon de Guillaume-le-Conquérant, nommé la Tour-Blanche, qui domine sur toutes les fortifications extérieures, Dieu sait combien on fit de bonnes et de mauvaises plaisanteries en comparant la prison d'État de Sa Majesté à celle de Cupidon. Que de parallèles tracés entre les canons de la forteresse et les yeux redoutables des dames! De semblables propos tenus avec le bon ton des agréables du temps, et écoutés par les dames avec un sourire d'indulgence, composaient ce qu'on appelait alors la belle conversation.

Ce joyeux essaim de têtes frivoles ne s'attacha pourtant pas constamment à la personne du prince, quoiqu'il eût formé le cortège royal sur la Tamise. Charles, distrait plus souvent par l'indolence et le plaisir, prenait quelquefois des résolutions sages, et dignes d'un monarque. Il avait conçu le désir d'inspecter lui-même l'état des armes et des munitions dont la Tour était alors le magasin, comme elle l'est encore aujourd'hui; trois ou quatre courtisans l'accompagnèrent dans cette visite, tandis que les autres s'amusaient comme ils le pouvaient, dans les autres parties de la place. Ce fut avec les ducs de Buckingham et d'Ormond et deux autres seigneurs qu'il entra dans la grande salle où se trouve aujourd'hui le plus bel arsenal du monde, et qui offrait déjà un arsenal digne de la grande nation à laquelle il appartenait.

Le duc d'Ormond, bien connu par les services qu'il avait rendus à la cause royale pendant la grande guerre civile, était en général, comme nous l'avons déjà fait observer ailleurs, assez froidement accueilli par son souverain, qui lui demandait pourtant quelquefois ses avis, ce qu'il fit en cette occasion, où l'on n'avait pas peu à craindre que le parlement, dans son zèle pour la religion protestante, ne voulût prendre exclusivement sous ses ordres les magasins d'armes et de munitions. Tandis que le roi causait assez tristement avec Ormond de la méfiance qui régnait alors, et qu'ils discutaient ensemble les moyens de la dissiper ou d'y résister, Buckingham, restant un peu en arrière, s'amusa à tourner en ridicule l'air embarrassé et les manières antiques du vieux garde qui les suivait, conformément à l'usage. C'était précisément celui qui avait escorté Peveril jusqu'à sa nouvelle prison. Le duc se livra d'autant plus volontiers à son penchant pour la raillerie, qu'il remarqua que le vieillard, malgré le respect que lui inspirait la présence du roi, était taciturne et bourru, ce qui donnait beau jeu à son persécuteur. Les armures anciennes dont les murailles étaient couvertes fournirent surtout au duc l'occasion de déployer son esprit, et il insista pour que le vieux garde lui racontât, depuis le temps du roi Arthur au moins jusqu'à ce jour, l'histoire des batailles dans lesquelles elles avaient été portées, disant que personne ne pouvait se les rappeler mieux que lui.

Le vieillard souffrait évidemment, en se voyant obligé, à force de questions, de répéter des légendes souvent assez absurdes, conservées par la tradition sur chacune de ces armures. Loin de le voir brandir sa pertuisane et prendre un ton d'emphase, comme c'est la coutume de ces ciceroni guerriers, à peine était-il possible d'arracher de celui-ci un mot sur un sujet d'éloquence ordinairement intarissable.

— Savez-vous, mon ami, lui dit le duc, que je commence à changer de façon de penser relativement à vous? Je supposais que vous deviez avoir servi comme yeoman des gardes sous Henry VIII, et je m'attendais à tirer de vous quelques détails sur le champ du Drap d'Or. Je pensais même à vous demander quelle était la couleur du nœud de rubans d'Anne de Boulen, qui coûta au pape trois royaumes; mais je crains que vous ne soyez qu'un novice dans ces souvenirs d'amour et de chevalerie. Voyons, est-il bien sûr que tu ne te sois pas glissé dans ce poste militaire en sortant de quelque boutique obscure des environs de la Tour, et que tu n'aies pas échangé une aune contre cette glorieuse hallebarde? je suis sûr que tu ne pourrais pas même me dire à qui cette vieille armure a appartenu?

Le duc lui montra au hasard une vieille cuirasse suspendue au milieu de plusieurs autres, mais qui paraissait avoir été nettoyée avec un soin tout particulier.

— Je dois le savoir, répondit le garde avec hardiesse, mais d'une voix un peu altérée, car j'ai connu un homme qui l'a portée, et qui n'aurait pas enduré la moitié des impertinences que j'ai entendues aujourd'hui.

Le ton du vieillard et les paroles qu'il venait de prononcer attirèrent l'attention du roi et du duc d'Ormond, qui n'en étaient qu'à deux pas. Ils s'arrêtèrent tous deux, se retournèrent, et Charles lui dit en même temps : — Que veut dire cela, drôle? Est-ce ainsi qu'on répond? Quel est l'homme dont vous parlez?

— Je veux parler, dit le garde, d'un homme qui n'est plus rien aujourd'hui, quelque titre qu'il ait pu réclamer naguère.

— Ce vieillard parle sûrement de lui-même, dit le duc d'Ormond en examinant de plus près la physionomie du garde, qui tâchait en vain de se soustraire à cet examen. Ces traits ne me sont certainement pas inconnus. N'êtes-vous pas mon ancien ami le major Coleby?

— J'aurais désiré que la mémoire de Votre Grace eût été moins fidèle, répondit le vieillard en rougissant et en baissant les yeux.

— Juste ciel! dit le roi en tressaillant. Le brave major Coleby, qui vint nous joindre à Warrington, avec ses quatre fils et cent cinquante hommes! Est-ce donc là tout ce que nous pouvons faire pour un de nos anciens amis de Worcester?

De grosses larmes tombaient des yeux du vieillard, tandis qu'il répondit au roi : — N'y pensez pas, sire; je me trouve bien ici : vieux soldat rouillé, au milieu de vieilles armes. Pour un ancien Cavalier mieux partagé que moi, il en est vingt qui sont plus à plaindre. Je suis fâché que Votre Majesté l'ait appris, puisque cela la chagrine.

Avec cette bonté qui faisait excuser bien d'autres de ses défauts, Charles, pendant que le vieillard parlait ainsi, lui retira des mains sa pertuisane, et la mit dans celles du duc de Buckingham, en lui disant : — Ce que la main de Coleby a touché ne peut déshonorer ni la vôtre ni la mienne, milord; et vous lui devez cette réparation. Il fut un temps où, avec moins de provocation, il vous l'aurait brisée sur la tête.

Le duc s'inclina profondément, en rougissant de colère, et saisit la première occasion de s'en débarrasser, en la déposant contre un faisceau d'armes. Le roi ne remarqua pas un mouvement de mépris, qui probablement lui aurait déplu, attendu qu'il était en ce moment tout occupé du vétéran. Il l'obligea à s'appuyer sur son bras, et le conduisit lui-même à une chaise, sans permettre que personne l'assistât.

— Reposez-vous là, mon brave et ancien ami, lui dit-il; il faudrait que Charles Stuart fût bien pauvre, s'il souffrait que vous portassiez cet habit une heure de plus. — Vous paraissez bien pâle, mon cher Coleby; et vous aviez tant de couleurs il y a quelques instants! Ne songez pas à ce que vous a dit Buckingham; personne ne fait attention à ses folies;... mais vous pâlissez encore davantage! Allons, allons, cette rencontre vous a trop agité. Ne vous agenouillez pas; ne vous levez pas, restez assis sur cette chaise; je vous ordonne de vous y reposer jusqu'à ce que j'aie fait le tour de cette salle.

Le vieux Cavalier baissa la tête en signe de soumission aux ordres de son souverain, mais il ne la releva plus. L'agitation qu'il avait éprouvée avait occasioné un choc trop violent pour un esprit abattu par de longues souffrances, et pour une santé délabrée. Lorsque le roi, avec sa suite, au bout d'une demi-heure, revint à l'endroit où il avait laissé le vétéran, il le trouva mort, déjà presque froid, et dans l'attitude d'un homme profondément endormi. Le roi fut visiblement ému par ce triste spectacle, et ce fut en balbutiant, et d'une voix presque éteinte, qu'il ordonna que ses restes fussent honorablement ensevelis dans la chapelle de la Tour. Il garda ensuite le silence jusqu'à ce qu'il fût arrivé sur les degrés en face de l'arsenal, où ceux qui composaient son cortège commencèrent à se rassembler dès qu'ils le virent approcher, et où se trouvaient aussi quelques personnes d'un extérieur respectable que la curiosité avait attirées.

— Cela est épouvantable, dit alors le roi. Il faut que nous trouvions quelques moyens de soulager la détresse et de récompenser la fidélité de nos anciens serviteurs, ou la postérité maudira notre mémoire.

— De pareils plans ont souvent été agités dans le conseil de Votre Majesté, dit Buckingham.

— C'est la vérité, Georges, répondit le roi, et je puis dire en conscience que je n'ai rien à me reprocher, car j'y pense depuis bien des années.

— On ne peut trop y penser, sire, reprit Buckingham; d'ailleurs, chaque année rend la tâche plus facile.

— Sans doute, dit le duc d'Ormond, en diminuant le nombre de ceux qui souffrent. Voici le pauvre Coleby qui ne sera jamais un fardeau pour la couronne.

— Vous êtes trop sévère, milord, dit le roi; vous devriez respecter davantage une sensibilité que vous blessez. Vous ne pouvez supposer que nous aurions souffert que ce brave homme restât dans une pareille situation, si nous avions su dans quel état il se trouvait.

— En ce cas, sire, et pour l'amour du ciel, répondit le duc d'Ormond, tournez sur la détresse des autres les yeux qui viennent de se fixer avec pitié sur le cadavre d'un vieil ami. Dans cette tour est enfermé le vieux et brave sir Geoffrey Peveril du Pic, qui se montra, pendant toute la dernière guerre, partout où il y avait des coups à recevoir, et qui fut, je crois, le dernier homme d'Angleterre qui mit bas les armes. Ici est aussi son fils, dont j'entends parler comme d'un jeune homme plein de courage, d'esprit et de talens. Et que vous dirais-je de l'infortunée maison de Derby? Par pitié, sire, sauvez ces victimes enveloppées dans les replis de cette hydre de conspiration qui veut les étouffer. Chassez les tigres qui cherchent à les dévorer, et trompez l'espoir des harpies qui veulent se partager leurs dépouilles. Il y a aujourd'hui huit jours que cette malheureuse famille, le père et le fils, sont destinés à être mis en jugement pour des crimes dont ils sont aussi innocens, j'ose l'affirmer, qu'aucun de ceux qui se trouvent en ce moment en votre auguste présence. Pour l'amour de Dieu, sire, permettez-nous d'espérer que, si les préventions du peuple le condamnent, comme cela est arrivé à tant d'autres, vous interposerez enfin votre autorité, comme le dernier moyen, entre les buveurs de sang et leur proie.

Le roi parut embarrassé, et il l'était véritablement.

Il existait entre Buckingham et Ormond une inimitié constante et presque mortelle. Le premier essaya de faire une diversion en faveur de Charles.

— Votre Majesté, dit-il, ne manquera jamais d'objets pour exercer sa bienveillance royale, tant que le duc d'Ormond sera près de sa personne. Il porte sa manche coupée à l'ancienne mode, afin de la remplir d'un assortiment de vieux Cavaliers ruinés, qu'il peut en tirer au besoin ; assemblage vraiment curieux d'anciens squelettes à nez aviné, à tête chauve, à taille déhanchée, répertoire vivant et sans pitié d'antiques histoires d'Edgehill et de Naseby.

— Je conviens que ma manche est coupée à l'antique, dit Ormond en regardant Buckingham en face; mais je n'y attache ni spadassins ni coupe-jarrets, milord, comme j'en vois attachés à des habits à la nouvelle mode.

— C'est être un peu trop vif en notre présence, milord, dit le roi.

— Et si je prouve ce que j'avance, sire? répondit Ormond. — Milord, ajouta-t-il en se tournant vers Buckingham, vous plairait-il de nommer l'individu à qui vous parliez en débarquant?

— Je n'ai parlé à personne, répondit le duc avec précipitation. — Pardon. — Je me trompe. Je me rappelle que quelqu'un est venu me dire un mot à l'oreille pour m'avertir qu'un homme à qui j'ai affaire, et que je croyais parti de Londres, est encore dans cette ville.

— Et n'est-ce pas là l'homme qui vous a parlé? lui demanda le duc d'Ormond en désignant du doigt un individu dans la foule, homme de grande taille, à teint basané, enveloppé d'un grand manteau, portant un chapeau rabattu à larges bords, et à la ceinture duquel pendait une longue épée à la mode d'Espagne; en un mot, ce même colonel que Buckingham avait chargé de se mettre à la poursuite de Christian pour l'empêcher de revenir à Londres.

Les yeux de Buckingham suivirent la direction du doigt d'Ormond, et la rougeur lui monta tellement au visage, en dépit de tous ses efforts, que le roi s'en aperçut.

— Georges, lui dit-il, quelle est donc cette nouvelle

folie? Messieurs, qu'on fasse avancer cet homme. Sur mon ame, il a l'air d'un vrai spadassin. Qui êtes-vous, l'ami? Si vous êtes honnête, la nature a oublié de l'imprimer sur votre front. Y a-t-il ici quelqu'un qui le connaisse?

> Tous ses traits annonçant un homme sans honneur,
> S'il en a tant soit peu, c'est un grand imposteur!

— Bien des gens le connaissent, sire, répondit le duc d'Ormond; et cet homme qui se trouve ici, la tête sur ses épaules, et sans être chargé de fers, est une preuve entre mille que nous vivons sous l'empire du prince le plus clément de toute l'Europe.

— Comment diable, milord! s'écria le roi, qui est donc cet homme? Votre Grace parle comme le sphinx. Buckingham rougit, et ce coquin ne dit mot.

— Cet honnête homme, sire, répondit Ormond, que sa modestie rend muet, quoiqu'elle ne puisse le faire rougir, est le fameux colonel Blood, ou du moins tel est le nom qu'il se donne; c'est celui qui, il n'y a pas long-temps encore, et dans cette tour même, osa tenter de voler la couronne royale de Votre Majesté.

— C'est un exploit qui ne s'oublie pas facilement, dit le roi; mais si le coquin vit encore, c'est une preuve de la clémence de Votre Grace aussi-bien que de la mienne.

— Je ne puis nier que je n'aie été entre ses mains, sire; et certainement il m'aurait assassiné s'il eût voulu me faire périr sur la place, au lieu de me destiner à être pendu à Tyburn, honneur dont je le remercie. J'aurais bien sûrement été expédié s'il m'eût cru digne d'un coup de stylet ou de pistolet, ou de toute autre chose qu'un bout de corde. — Regardez-le, sire! si le misérable l'osait, il dirait en ce moment, comme Caliban (1) dans la comédie : — Oh ! oh ! je voudrais l'avoir fait (2).

— Sur mon ame, milord, il a un perfide sourire qui semble en dire autant. Mais il a obtenu notre pardon, de même que celui de Votre Grace.

— Il m'aurait paru peu convenable, sire, de montrer de la sévérité en poursuivant un attentat contre mon humble vie, quand il avait plu à Votre Majesté de pardonner une entreprise audacieuse et insolente pour dérober sa couronne royale. Mais je dois regarder comme un trait d'impudence sans égal de la part de cet effronté coupe-jarrets, n'importe qui le protège maintenant, d'oser se montrer dans la Tour, naguère le théâtre d'une de ses scélératesses, et devant moi, qui fus si près d'être la victime d'une autre.

— C'est ce qui n'arrivera plus, dit le roi. Blood, écoutez-moi bien, misérable : si jamais vous osez vous présenter devant nous, comme vous venez de le faire, le coutelas de l'exécuteur des hautes-œuvres fera connaissance avec vos oreilles.

Blood s'inclina, et avec un sang-froid d'impudence qui faisait grand honneur à son insensibilité, répondit qu'il n'était venu à la Tour qu'accidentellement, et pour communiquer à un ami particulier une affaire d'importance. — Sa Grace, le duc de Buckingham, ajouta-t-il, sait que je n'avais pas d'autre intention.

— Retirez-vous, infame scélérat, s'écria Buckin-

---

(1) *La Tempête*, scène 4. Shakspeare. — Éd.

(2) Le duc d'Ormond fut sauvé par ses amis, comme on l'entraînait vers Tyburn pour le pendre. Le duc de Buckingham fut violemment soupçonné d'avoir soudoyé Blood pour commettre cet assassinat. — Éd.

gham, aussi mécontent des prétentions que le colonel Blood affichait à sa connaissance, qu'un jeune débauché de bonne condition qui a passé la nuit à faire des folies avec des jeunes gens d'une classe inférieure est honteux quand un d'entre eux vient l'accoster en bonne compagnie : si vous osez jamais prononcer mon nom, je vous ferai jeter dans la Tamise.

Blood, repoussé de cette manière, fit une pirouette avec le sang-froid le plus insolent, et opéra sa retraite à loisir et avec calme; tout le monde le regardant comme un monstre de scélératesse, tant il était généralement connu pour un homme capable de tous les crimes! Quelques-uns le suivirent même pour le voir de plus près, comme les oiseaux se rassemblent autour du hibou qui ose se montrer à la lumière du soleil. Mais de même que, dans ce dernier cas, la gent emplumée a grand soin de se tenir hors de portée des serres et du bec de l'oiseau de Minerve, ainsi ceux qui suivaient Blood, et qui le regardaient comme un oiseau de mauvais augure, avaient soin de ne pas échanger un regard avec lui, et d'éviter ceux qu'il lançait quelquefois, comme un trait empoisonné, sur ceux qui s'approchaient de plus près. Il marcha ainsi, comme un loup qui a pris l'alarme, n'osant fuir, et craignant de s'arrêter, jusqu'à ce qu'il fût arrivé à la porte des Traîtres. Là, montant sur une barque qui l'attendait, il disparut bientôt aux yeux des curieux.

Charles désirait effacer tout souvenir de l'apparition de ce misérable : il dit qu'il serait honteux qu'un scélérat réprouvé fût un sujet de discorde entre deux des principaux seigneurs de sa cour, et il finit par ordonner aux ducs de Buckingham et d'Ormond de se donner la main, et d'oublier une altercation dont le sujet était si peu digne de les occuper.

Buckingham répondit nonchalamment que les honorables cheveux blancs du duc d'Ormond lui permettaient de faire les premières avances vers une réconciliation, et il lui tendit la main. Ormond se contenta de saluer, et dit que le roi n'avait aucun sujet de craindre que la cour fût troublée par son ressentiment, puisqu'il ne pouvait obtenir ni du temps vingt ans de moins, ni du tombeau son brave fils Ossory. Quant au brigand qui avait osé se montrer en ce lieu, il lui avait des obligations, puisqu'en voyant que la clémence de Sa Majesté pouvait s'étendre jusqu'au plus infame des criminels, il n'en avait que plus d'espoir d'obtenir la faveur du roi pour ceux de ses innocens amis qui gémissaient en prison, exposés aux plus grands dangers par suite de l'accusation odieuse portée contre eux.

Le roi ne répondit à cette observation qu'en donnant ordre qu'on s'embarquât pour retourner à Whitehall, et il prit congé des officiers de la tour en leur faisant, sur la manière dont ils s'acquittaient de leurs devoirs, un de ces complimens bien tournés que personne n'était capable d'exprimer en meilleurs termes. Il leur donna en même temps des ordres sévères et précis pour la défense de la forteresse importante confiée à leurs soins, et de tout ce qu'elle contenait.

En arrivant à Whitehall, avant de se séparer du duc d'Ormond, il se tourna tout à coup vers lui, et lui dit en homme qui vient de prendre une résolution bien prononcée : — Soyez sûr, milord, que l'affaire de nos amis ne sera pas oubliée.

Dans la même soirée, le procureur-général et North,

président de la cour des Plaids-Communs, reçurent des ordres secrets pour se rendre sur-le-champ près de Sa Majesté, pour un objet important, dans l'appartement de Chiffinch, centre général de toutes les affaires d'état comme des intrigues galantes.

CHAPITRE XLI.

> « L'oubli ne couvrira ton nom ni ta mémoire,
> » Coras. Élève-toi, bronze monumental,
> » Plus haut que ce serment fait du même métal,
> » Et que les nations soient en paix sous ton ombre. »
>
> Dryden. *Absalon et Achitopel.*

La matinée que Charles avait passée à la Tour avait été bien différemment employée par les malheureux que leur mauvais destin et le caractère singulier du temps avaient conduits dans cette prison d'État, tout innocens qu'ils étaient, et qui avaient reçu l'annonce officielle que leur procès serait instruit le septième jour suivant, devant la cour du Banc du Roi, à Westminster. Le vieux et brave Cavalier lança d'abord un sarcasme à l'officier qui lui annonçait cette nouvelle, en lui reprochant de troubler son déjeuner. Mais il laissa échapper un mouvement de sensibilité bien naturel quand il apprit que le nom de Julien se trouvait compris dans le même acte d'accusation.

Nous n'avons dessein de rendre compte qu'en termes généraux de ce procès, dont les formes furent à peu près les mêmes que celles qu'on suivit dans toutes les affaires criminelles suscitées par la prétendue conspiration des papistes. Un ou deux témoins infames et parjures, dont la profession de délateur était devenue horriblement lucrative, affirmaient sous la foi du serment que l'accusé s'était déclaré membre de la grande confédération catholique. D'autres mettaient en avant des faits ou des soupçons tendant à compromettre sa réputation d'honnête protestant ou de sujet loyal; et, soit dans les preuves directes, soit dans les présomptions, il y avait toujours de quoi autoriser des juges corrompus et des jurés parjures à prononcer la condamnation de l'innocent.

La fureur du peuple commençait pourtant alors à se calmer, épuisée par sa propre violence. La nation anglaise diffère de toutes les autres, même de celles qui habitent les deux autres royaumes soumis à la même couronne, en ce qu'elle se rassasie aisément du châtiment, même quand elle le suppose le plus mérité. D'autres nations sont comme le tigre apprivoisé, qui, quand on lui a permis une fois de satisfaire sa soif de sang naturelle, ne respire plus que le carnage. Mais le peuple anglais a toujours ressemblé davantage à cette race de chiens ardens à poursuivre leur proie, qui s'arrêtent tout à coup si quelque trace de sang se présente sur leur chemin (1).

(1) Et cette partie de l'histoire d'Angleterre dont le bourreau

On examinait de plus près quel était le caractère des témoins, et si leurs dépositions s'accordaient ensemble. On commençait à concevoir des soupçons salutaires contre des gens qui ne voulaient jamais dire qu'ils avaient déclaré complètement tout ce qu'ils savaient, mais qui réservaient toujours quelque déclaration pour une autre occasion.

Le roi lui-même, resté passif pendant le premier éclat de la rage populaire, paraissait enfin sortir de sa léthargie, ce qui produisait un effet marqué sur la conduite des conseils de la couronne (1) et même sur celle des juges. Sir Georges Wakeman avait été acquitté, en dépit du témoignage direct rendu contre lui par le fameux Oates; et l'attention publique était fortement excitée sur le résultat que pourrait avoir le procès qui devait avoir lieu ensuite, et c'était précisément celui des deux Peverils, père et fils, avec lesquels, je ne sais par quelle espèce de rapprochement, le nain, notre ami, le petit sir Geoffrey Hudson, avait été placé à la barre de la cour du Banc du Roi.

C'était un spectacle digne de pitié que de voir un père et un fils, qui, séparés depuis si long-temps, se retrouvaient dans des circonstances si tristes; et plus d'un assistant ne put retenir ses larmes quand ce vieillard, plein de majesté, car tel était encore sir Geoffrey Peveril, quoique affaissé sous le poids des ans, serra son fils contre son cœur, avec un mélange de joie, de

serait seul le digne historien, selon Voltaire! Mais l'oiseau ne doit pas salir son nid, pour nous servir d'un proverbe employé par l'aubergiste de Cumnor. — Éd.

(1) Ce qu'on appelait en France le parquet, les gens du roi.
Éd.

tendresse et d'amertume, causé par l'idée de l'événement qu'il regardait comme la fin probable du procès. Plusieurs spectateurs ne se contentèrent même pas de pleurer, car on entendait un bruit sourd de sanglots et de murmures.

Ceux à qui il restait assez de sang-froid pour examiner la conduite du pauvre petit Geoffrey Hudson, auquel on faisait à peine attention au milieu du vif intérêt qu'excitaient ses deux compagnons d'infortune, purent remarquer sur ses traits l'expression d'un mécontentement bien prononcé. Il s'était consolé de ses malheurs par l'idée de jouer le rôle, qu'il était appelé à remplir, d'une manière dont on se souviendrait long-temps; et à son entrée il avait salué la cour et l'auditoire avec un air cavalier qui devait, suivant lui, exprimer la grace, le savoir-vivre, un sang-froid parfait, et une sorte d'indifférence méprisante pour le résultat du procès. Mais sa petite personne resta si complètement dans l'ombre, à cause de la sensation générale qu'occasiona la reconnaissance du père et du fils, amenés séparément de la Tour, et placés à la barre au même instant, que sa détresse et sa dignité, reléguées sur l'arrière-plan du tableau, n'excitèrent ni pitié ni admiration.

Le meilleur moyen qu'aurait pu prendre le nain pour attirer sur lui l'attention eût été de rester tranquille à sa place, car un extérieur aussi remarquable que le sien n'aurait pu manquer de fixer enfin sur lui les regards du public, comme il le désirait si ardemment. Mais la vanité a-t-elle jamais écouté les conseils de la prudence? Notre impatient ami monta, non sans peine, sur le banc qui lui était destiné; et, se levant sur la pointe des pieds, il essaya d'attirer l'attention de l'auditoire, en cherchant à se faire reconnaître du chevalier qui portait le même nom que lui, sir Geoffrey le grand, dont il atteignait à peine les épaules, malgré sa situation élevée.

Peveril du Pic, dont l'esprit était occupé de tout autre chose, ne prit pas garde aux avances réitérées que lui faisait le nain en le saluant, et il s'assit avec la ferme résolution de périr plutôt que de donner le moindre signe de faiblesse devant des Têtes-Rondes et des presbytériens, noms qu'il appliquait à tous ceux qu'il regardait en ce moment comme ses ennemis, parce que toutes ses idées se reportaient à des temps trop éloignés pour qu'il songeât à leur donner des épithètes plus récentes.

Par ce changement de position de sir Geoffrey le grand, sa tête se trouva de niveau avec celle de sir Geoffrey le petit, qui saisit cette occasion pour le tirer par l'habit. Peveril du Pic, par un mouvement plus mécanique que volontaire, se tourna vers le visage ridé qui, cherchant à se faire remarquer et à prendre un air d'aisance et d'importance, faisait des grimaces à deux pas de lui. Mais ni la singularité de cette physionomie, ni les signes de tête et les sourires de reconnaissance que le nain lui adressait, ni l'exiguité de son individu, n'eurent le pouvoir en ce moment d'en rappeler le souvenir à l'esprit du vieux chevalier, qui, après l'avoir regardé un instant, se détourna sans y penser davantage.

Julien, dont la connaissance avec le pygmée était d'une date plus récente, au milieu des sensations pénibles qui l'agitaient, ne refusa pas une place dans son cœur à la compassion que lui inspirait son compagnon de souffrance. Dès qu'il le reconnut, sans pouvoir comprendre par quel enchaînement de circonstances il se trouvait impliqué dans la même affaire que son père et lui, et traduit en même temps devant ce terrible tribunal, il lui tendit la main, et le vieillard la saisit avec une dignité affectée et une gratitude véritable.

— Digne jeune homme, lui dit-il, votre présence est pour moi un baume semblable au nepenthe d'Homère, même dans cette crise commune de notre destin. Je suis fâché de voir que l'ame de votre père n'ait pas le même ressort que les nôtres, logées un peu plus à l'étroit; mais il a oublié un ancien compagnon d'armes qui fait peut-être en ce moment avec lui sa dernière campagne.

Julien lui répondit brièvement que son père avait beaucoup à penser. Mais le petit homme, pour lui rendre justice, et comme il le dit alors lui-même, ne se souciait pas plus du danger et de la mort que d'une piqûre de la proboscide d'une puce; il ne renonça pas si aisément au secret objet de son ambition; c'était d'attirer l'attention du grand sir Geoffrey Peveril, qui, ayant au moins trois pouces de plus que son fils, possédait cette éminente supériorité de taille que le pauvre nain estimait secrètement plus que toute autre distinction, quoiqu'il en fît dans sa conversation l'objet de ses sarcasmes habituels.

— Mon ancien camarade, dit-il en allongeant une seconde fois le bras pour tirer l'habit de sir Geoffrey Peveril, je vous pardonne votre manque de mémoire, car il s'est passé bien du temps depuis que je vous ai vu à Naseby, combattant comme si vous aviez eu autant de bras que le Briarée de la fable.

Le chevalier, qui avait tourné la tête une seconde

fois vers le petit homme, et qui l'écoutait comme s'il eût cherché dans ce qui lui était adressé quelque chose qui méritât la peine d'être entendu, l'interrompit ici en s'écriant d'un air d'impatience: Ta, ta, ta!

— Ta, ta, ta! répéta sir Geoffrey le petit. Ta, ta, ta! est une expression qui indique peu d'estime, méprisante même dans toutes les langues; et si nous étions en lieu convenable....

Mais les juges venaient de prendre séance; les huissiers crièrent: Silence! et la voix farouche du président, le fameux Scroggs, de honteuse mémoire, demanda aux officiers à quoi ils songeaient en permettant aux accusés d'avoir des communications ensemble en présence de la cour.

On peut faire observer ici que cet illustre personnage ne savait trop comment il devait se conduire en cette occasion. Un air de calme et de dignité convenable à ses fonctions officielles n'était nullement ce qui le caractérisait. Il fallait toujours qu'il beuglât à tort ou à travers pour ou contre ceux qui étaient traduits à son tribunal, et jamais on n'apercevait en lui rien qui ressemblât à l'impartialité. Dans les premiers procès relatifs à la conspiration, quand l'opinion populaire était déclarée contre les accusés, personne n'avait crié si haut que Scroggs. Essayer d'attaquer la réputation d'Oates, de Bedlowe, ou des autres principaux témoins, était à ses yeux un crime plus odieux que de blasphémer l'Évangile sur lequel ils prêtaient serment; c'était vouloir étouffer la conspiration, chercher à affaiblir la confiance due à des témoins respectables, en un mot commettre un attentat peut-être égal à celui de haute trahison.

Mais depuis peu, une nouvelle lumière commençait à briller aux yeux de ce digne interprète des lois. Plein de sagacité pour découvrir les signes des temps, il commençait à reconnaître que le torrent changeait de cours, et il prévoyait aussi que la faveur de la cour et probablement l'opinion publique se déclareraient avant peu contre les délateurs en faveur des accusés.

Scroggs avait pensé jusqu'alors que Shaftesbury, l'un des créateurs de la conspiration prétendue, jouissait d'un grand crédit auprès de Charles ; mais cette opinion avait été ébranlée par une confidence que lui avait faite le matin même de ce jour son confrère North. — Lord Shaftesbury, lui avait-il dit à voix basse, n'a pas plus de crédit à la cour que votre laquais.

Cet avis, reçu de bonne part, avait mis le digne juge dans un grand embarras; car, quoiqu'il s'inquiétât peu d'agir d'une manière conforme à ses principes, il désirait infiniment sauver les apparences. Il ne pouvait avoir oublié les violences auxquelles il s'était porté tout récemment contre les accusés, et sachant en même temps que le crédit des délateurs, quoique fort ébranlé dans l'esprit de toutes personnes judicieuses, était encore fort considérable sur la masse du peuple ignorant, il se voyait dans une position fort délicate. Sa conduite, dans tout ce procès, ressembla donc à celle d'un pilote dont les manœuvres tendraient à changer la route de son navire avant que les voiles étendues puissent recevoir le vent qui doit le pousser dans une direction opposée. En un mot, il était si incertain sur le côté qu'il devait favoriser, qu'on pouvait dire qu'il était en ce moment, pour la première fois, dans un état d'impartialité relative. On en eut la preuve dans le ton bourru dont il parla tantôt aux accusés, tantôt aux témoins qui déposaient contre eux, semblable à un dogue trop courroucé pour ne pas aboyer, mais ne sachant pas encore qui il doit mordre le premier.

On lut l'acte d'accusation. Sir Geoffrey Peveril en entendit avec assez de calme la première partie, où il était accusé d'avoir placé son fils dans la maison de la comtesse de Derby, papiste prononcée, afin d'aider l'horrible et sanguinaire conspiration; d'avoir eu des armes et des munitions cachées dans sa maison; d'avoir reçu une commission en blanc de lord Stafford, condamné à mort et exécuté comme complice de la conspiration. Mais quand il entendit ajouter qu'il avait eu des communications tendant à même fin, avec Geoffrey Hudson, dit sir Geoffrey Hudson, maintenant ou autrefois au service de la reine douairière, il regarda son petit compagnon comme s'il s'en fût rappelé le souvenir à l'instant, et s'écria d'un ton d'impatience: — Ces mensonges sont trop grossiers pour que j'aie besoin d'y répondre. Je puis avoir eu des relations, innocentes et loyales toutefois, avec le feu lord Stafford, mon noble parent, car je l'appellerai encore ainsi, malgré ses infortunes, et avec la parente de ma femme, l'honorable comtesse de Derby. Mais quelle vraisemblance que j'aie eu quelques communications avec un bouffon décrépit, dont tout ce que je me rappelle, c'est qu'il y a long-temps, à une fête de Pâques, je sifflais un air tandis qu'il dansait dans un plat pour divertir la compagnie!

Le pauvre nain pleurait presque de rage; mais il affecta de tourner la chose en plaisanterie, et dit avec un sourire forcé qu'au lieu de se rappeler ces traits de gaieté de jeunesse, sir Geoffrey Peveril aurait pu se souvenir de l'avoir vu charger avec lui à Wigan-Lane.

— Sur ma parole, dit sir Geoffrey après un moment de réflexion, je dois vous rendre justice, M. Hudson; je crois que vous y étiez, et que j'ai entendu dire que vous vous y êtes bien comporté : mais vous conviendrez que vous pouviez être bien près de moi sans que je vous aperçusse.

La naïveté de cette observation fit élever dans toute la salle un bruit qui ressemblait à des éclats de rire étouffés. Le nain, toujours monté sur son banc, et se levant sur la pointe des pieds, s'efforça de réprimer cette audace en regardant autour de lui d'un air fier, comme pour avertir les rieurs qu'ils ne se livraient à leur gaieté qu'à leurs risques et périls. Mais s'apercevant que ses efforts ne servaient qu'à redoubler l'hilarité générale, il prit un air d'insouciance méprisante, et dit avec un sourire dédaigneux que personne ne craignait le regard d'un lion enchaîné, noble comparaison qui augmenta encore l'envie de rire.

On ne manqua pas de faire valoir ensuite, contre Julien Peveril, qu'il avait servi d'entremetteur pour une correspondance secrète entre la comtesse de Derby et d'autres papistes et prêtres catholiques, tous ayant pris part à la détestable conspiration. On eut soin de rapporter tout au long le siège de Moultrassie-Hall, les voies de fait contre Chiffinch sur le grand chemin du roi, la manière dont l'accusé avait attaqué, car on se servit de cette expression, John Jenkins, serviteur du duc de Buckingham, et l'on y ajouta nombre d'autres faits, tous tendant à le faire déclarer coupable de trahison envers l'État et la religion. A toutes ces accusations Julien se contenta de répondre qu'il n'était pas coupable.

Son petit compagnon ne se borna point à une défense si simple; quand il s'entendit accuser d'avoir reçu d'un agent de la conspiration une commission de colonel d'un régiment de grenadiers, il répondit avec un mouvement de colère et de mépris que si Goliath de Gath était venu lui faire une pareille proposition, et lui offrir le commandement d'un corps composé de tous les enfans d'Anak, il ne lui aurait laissé ni l'envie ni la possibilité de le tenter une seconde fois. — Il aurait péri par mes mains à l'instant même, dit le vaillant et loyal petit homme.

Lorsque le conseil de la couronne eut prononcé son discours à l'appui de l'acte d'accusation, on vit paraître le fameux docteur Oates, en grand costume, et couvert de la robe de soie appartenant à son grade ecclésiastique : car il affectait alors beaucoup de dignité dans sa mise et dans toutes ses manières.

Cet homme singulier, s'appuyant sur les intrigues obscures de quelques catholiques, et grace à la circonstance fortuite du meurtre de sir Edmondbury Godfrey, avait trouvé moyen de faire impression sur le crédule vulgaire par les plus absurdes dépositions; c'était un homme qui n'avait d'autre talent pour l'imposture qu'une impudence imperturbable et à l'épreuve. Un homme réfléchi ou de bon sens, en essayant de donner plus de probabilité à la conspiration, ouvrage de son cerveau, aurait indubitablement échoué dans son entreprise, comme cela arrive souvent à des hommes sages quand ils s'adressent à la multitude, parce qu'ils n'osent pas compter autant sur sa crédulité, surtout quand les fictions qui lui sont présentées réunissent l'effrayant et le terrible.

Oates était d'un caractère colérique, et le crédit qu'il avait obtenu le gonflait d'insolence et de vanité. Son extérieur même était sinistre : une grande perruque blanche, semblable à une toison, couvrait son visage abject et d'une longueur démesurée, tant était remarquable la projection de son menton. Sa prononciation était affectée, et il donnait aux voyelles un accent tout particulier.

Ce fameux personnage, tel que nous venons de le décrire, parut comme témoin au procès dont il s'agit, et fit son étonnante déposition sur l'existence d'un complot tramé par les catholiques pour renverser le gouvernement et assassiner le roi, avec les détails qu'on peut trouver dans toutes les histoires d'Angleterre. Mais comme le docteur avait toujours en réserve quelque déclaration spéciale, applicable aux accusés mis en jugement, il lui plut en cette occasion d'inculper principalement la comtesse de Derby. — Il avait vu, dit-il, cette honorable dame, lorsqu'il était au collège des jésuites à Saint-Omer. Elle l'avait mandé dans une auberge à l'enseigne du Veau d'or, et l'avait invité à déjeuner avec elle. Elle lui avait dit ensuite que, sachant combien les pères de la société de Jésus avaient de confiance en lui, elle avait résolu de lui confier aussi ses secrets. Elle avait alors tiré de son sein un large couteau pointu bien affilé, semblable à ceux dont se servent les bouchers pour tuer les moutons, et lui avait demandé à quoi il le croyait destiné. Oates avait fait allusion à l'usage le plus naturel de ces sortes d'instrumens ; mais la comtesse lui appliquant un coup d'éventail sur les doigts, l'avait traité d'esprit lourd, et avait ajouté que ce couteau était destiné à tuer le roi.

Sir Geoffrey Peveril ne put retenir plus long-temps sa surprise et son indignation. — Merci de Dieu! s'écria-t-il; a-t-on jamais entendu parler de dames de qualité portant dans leur sein des couteaux de boucher, et confiant au premier effronté qu'elles rencontrent des projets d'assassinat contre le roi? Messieurs les jurés, pensez-vous que cela soit croyable? Que ce scélérat produise un témoin honnête qui déclare que lady Derby a proféré en sa présence de pareilles sottises, et je consens à croire tout ce qu'il lui plaira de dire ensuite.

— Sir Geoffrey, dit le juge, tenez-vous en repos. Vous ne devez point parler ainsi. L'emportement ne peut être utile à votre cause. Continuez, docteur.

Oates ajouta que la comtesse avait parlé avec amertume des injustices du roi envers la maison de Derby, de l'oppression de sa religion, des projets formés par les jésuites et les prêtres de ce séminaire, dont un des principaux coadjuteurs devait être son noble parent de la maison de Stanley. Il assura que la comtesse et les pères comptaient beaucoup sur les talens de sir Geoffrey Peveril et de son fils, ce dernier faisant partie de la maison de cette dame. Quant à Hudson, tout ce dont il se souvenait, c'était d'avoir entendu un des pères dire que, quoique nain par stature, il se montrerait géant pour la cause de l'Église.

Quand il eut terminé sa déposition, il y eut une pause; après quoi, le juge, comme si cette pensée l'eût frappé tout d'un coup, demanda au docteur Oates s'il avait jamais fait mention de la comtesse de Derby dans aucune des dépositions qu'il avait faites relativement à la conspiration, soit devant la cour, soit devant le conseil privé.

Oates parut surpris de cette question, rougit de colère, et répondit, en appuyant sur chaque voyelle, suivant le mode de prononciation qui lui était particulier:
— Mais..... non....., milord.

— Et, s'il vous plaît, docteur, reprit le juge, comment se fait-il qu'un homme qui a révélé tant de mystères n'ait pas dit un seul mot d'une circonstance aussi importante que l'adhésion de cette famille puissante à la conspiration?

— Milord, répliqua Oates avec une effronterie sans égale, je ne viens pas ici pour qu'on mette en question mes dépositions sur le complot.

— Je ne les mets nullement en question, docteur, dit Scroggs, car le moment de le traiter avec le mépris qu'il méritait n'était pas encore arrivé; et je ne doute pas de l'existence du complot, puisque vous l'avez affirmé sous serment. Je désire seulement que, par égard pour vous-même et pour la satisfaction de tous les bons protestans, vous nous expliquiez pourquoi vous avez gardé le silence sur un point d'information que le roi et votre pays avaient un si grand intérêt de connaître.

— Milord, dit Oates, je vous raconterai une petite fable à ce sujet.

— J'espère, répondit le juge, que ce sera la première que vous aurez racontée ici, et la dernière que vous y débiterez.

— Milord, continua Oates, il y avait une fois un renard qui, ayant à transporter une oie par-dessus une rivière couverte de glace, et craignant que la glace ne fût pas assez forte pour le porter lui et sa proie, commença d'abord par porter une pierre pour en essayer la force.

— Ainsi, dit sir William Scroggs, vos premières dépositions n'étaient que la pierre, et pour cette fois-ci, vous nous apportez l'oie. Nous parler ainsi, docteur, c'est traiter en oisons la cour et les jurés.

— Je prie Votre Seigneurie d'interpréter convenablement mes paroles, dit Oates, qui, voyant que le courant se déclarait contre lui, résolut de payer d'effronterie; tout le monde sait ce qu'il m'en a coûté pour rendre témoignage à la vérité, et pour être l'instrument dans la main de Dieu, afin de donner l'éveil à cette pauvre nation sur l'état dangereux dans lequel elle se trouve. Il y a ici bien des gens qui savent que j'ai été obligé de fortifier mon logement à Whitehall, pour me défendre contre les attentats des sanguinaires papistes. Personne ne devait penser que je conterais toute l'histoire tout d'un coup. Je crois que votre prudence ne m'en aurait pas donné le conseil.

— Ce n'est pas à moi à vous en donner dans cette affaire, docteur, dit le juge; et c'est au jury à examiner s'il doit vous croire ou non. Quant à moi, je ne siège ici que pour rendre justice à l'accusé comme à l'accusateur. Le jury a entendu votre réponse à ma question.

Le docteur Oates quitta le banc des témoins, rouge de dépit, en homme peu accoutumé à entendre élever le moindre doute sur les dépositions qu'il lui plaisait de faire devant les cours de justice; et, pour la première fois peut-être, on entendit parmi les avocats, les procureurs, les clercs et les étudians en droit qui assistaient à cette séance, un murmure défavorable à l'illustre père de la conspiration des papistes.

Everett et Dangerfield, avec qui le lecteur a déjà fait

connaissance, furent appelés tour à tour pour déposer à l'appui de l'accusation. C'étaient des délateurs en sous-ordre ; des gens qui battaient le fer tandis qu'il était chaud ; qui suivaient le sentier tracé par Oates, avec toute la déférence due à son génie supérieur et à son esprit inventif, et qui tâchaient de faire accorder leurs fictions avec les siennes, aussi bien que leurs talens le leur permettaient. Mais, comme leurs dépositions n'avaient jamais été reçues avec une confiance aussi aveugle que celle que l'impudence d'Oates avait réussi à obtenir du public, ils avaient commencé à tomber en discrédit plus promptement que leur prototype, de même que les tourelles que soutient un bâtiment mal construit sont les premières à s'écrouler.

Ce fut en vain qu'Everett, avec la précision d'un hypocrite, et Dangerfield, avec l'audace d'un scélérat, racontèrent, avec des ornemens tirés de leur imagination, la rencontre qu'ils avaient faite de Julien Peveril, d'abord à Liverpool, et ensuite au château de Martindale. Ce fut en vain qu'ils décrivirent les armes et les armures qu'ils prétendaient avoir découvertes dans le château de sir Geoffrey, et qu'ils firent un récit effrayant de la manière dont le jeune Peveril avait été enlevé à main armée de Moultrassie-Hall.

Les jurés écoutèrent leurs déclarations froidement, et il était aisé de voir que l'accusation n'avait pas fait grande impression sur leur esprit ; d'autant plus que le juge, tout en renouvelant à chaque instant les protestations de sa croyance à la réalité du complot, et de son zèle pour la religion protestante, leur rappelait aussi que des présomptions n'étaient pas des preuves ; qu'un ouï-dire n'était pas une certitude ; que ceux qui faisaient un métier de découvrir les traîtres pouvaient se faire aider dans leurs recherches par un esprit d'invention ; et que, sans avoir aucun doute du crime des malheureux accusés qui étaient à la barre, il serait bien aise d'entendre rapporter contre eux quelques preuves d'une nature différente.

— On nous dit, ajouta-t-il, que le jeune Peveril a été enlevé à main armée de la maison d'un grave et digne magistrat, connu, je pense, de la plupart de nous. Eh bien, M. le procureur-général, pourquoi ne faites-vous pas comparaître M. Bridgenorth, pour prouver ce fait, et toute sa maison, si cela est nécessaire? L'enlèvement d'un prisonnier à main armée est une affaire trop sérieuse pour la juger sur les ouï-dire rapportés par ces deux témoins, quoique à Dieu ne plaise que je croie qu'ils aient dit un seul mot sans le croire véritable! Ils sont témoins pour le roi, et, ce qui nous est également cher, pour la religion protestante; témoins contre un complot païen et abominable. Mais, d'une autre part, voici un vieux chevalier respectable, car, je dois le supposer tel, puisqu'il a versé plus d'une fois son sang pour le roi ; voici son fils, jeune homme de belle espérance : je dois veiller à ce que la justice leur soit rendue, M. le procureur-général.

— Sans contredit, milord, répondit le procureur-général ; à Dieu ne plaise qu'il en soit autrement! Mais nous allons serrer ces messieurs d'un peu plus près, si vous nous permettez de continuer à faire entendre nos témoins.

— Cela est juste, dit le juge en se renfonçant dans son fauteuil ; que le ciel me préserve de vouloir empêcher la preuve de l'accusation! Je vous dirai seulement, et vous le savez aussi bien que moi, que *de non apparentibus, et non existentibus, eadem est ratio* (1).

— Nous appellerons donc M. Bridgenorth, comme Votre Seigneurie le désire, dit le procureur-général; il doit être ici, prêt à comparaître.

— Non! répondit du milieu de la foule une voix qui paraissait être celle d'une femme; il est trop sage et trop honnête pour s'y montrer.

Cette voix était aussi distincte que l'avait été celle de lady Fairfax lorsqu'elle s'exprima à peu près de la même manière lors du jugement de Charles Ier. Mais, en cette occasion, les recherches qu'on fit pour découvrir la personne qui venait de parler furent infructueuses.

Après le moment de confusion occasionée par cet incident, le procureur-général, qui avait causé un instant avec les conseils de la couronne, dit au juge: — Quelle que soit la personne qui vient de nous donner cette information, elle ne nous trompe pas; car j'apprends à l'instant que M. Bridgenorth est devenu tout à coup invisible ce matin.

— Vous voyez, M. le procureur-général, dit Scroggs, ce qui résulte de ne pas s'occuper davantage d'avoir sous la main les témoins de la couronne, et de les réunir ensemble; je ne puis être responsable des conséquences.

— Je ne puis l'être plus que vous, milord, répondit le procureur-général d'un ton de dépit. J'aurais prouvé par la déposition du digne M. Bridgenorth, juge de paix, l'ancienne amitié qui existe entre sir Geoffrey Peveril et la comtesse de Derby, sur les mauvaises in-

(1) Ce qui est sans preuve est comme ce qui n'existe pas. — É$_{D.}$

tentions de laquelle le docteur Oates vient de faire une déclaration si concluante. J'aurais prouvé qu'il lui avait donné asile dans son château lorsqu'il existait un mandat d'arrêt décerné contre elle, et qu'il avait eu recours aux armes et à la force ouverte pour empêcher ledit Bridgenorth de le mettre à exécution. J'aurais prouvé en outre contre le jeune Peveril la manière dont il s'est fait enlever à main armée de la maison de ce même juge de paix. J'aurais......

Ici Scroggs mit ses pouces dans sa ceinture, ce qui était son attitude favorite en semblable occasion, et s'écria : — Tout cela est fort bon, M. le procureur-général ; mais il ne faut nous parler ni de ce que vous auriez prouvé, ni de ce que vous auriez pu prouver. Prouvez-nous tout ce qu'il vous plaira, mais que ce soit par la bouche de vos témoins. La vie des hommes ne doit pas être à la merci des coups de dents d'un jurisconsulte.

— Et un complot détestable, s'écria le procureur-général, ne doit pas être étouffé par la précipitation que vous apportez dans cette affaire. Je ne puis pas davantage faire comparaître M. Chiffinch ; car l'ordre spécial du roi l'a appelé ailleurs en ce moment, comme il vient de me le faire savoir.

— Produisez donc les lettres dont ce jeune homme est accusé d'avoir été porteur.

— Elles sont devant le conseil privé, milord.

— Et pourquoi donc en faites-vous une des bases de l'accusation ? C'est en quelque sorte vous jouer de la cour.

— Puisque Votre Seigneurie le prend ainsi, dit le procureur-général en s'asseyant d'un air d'humeur, vous pouvez disposer de l'affaire comme bon vous semblera.

— Si vous n'avez plus de témoins à faire entendre, je vous engage à faire au jury le résumé des preuves.

— Je n'en prendrai pas la peine, milord. Je vois clairement comment vont les choses.

— Réfléchissez-y bien. Songez que votre accusation contre les deux Peverils n'est qu'à demi prouvée, et qu'elle ne l'est nullement contre ce petit homme, si ce n'est que le docteur Oates a déclaré qu'il avait entendu dire qu'en un certain cas il deviendrait un géant : c'est un miracle que les papistes auraient peine à faire.

Cette saillie fit rire tout l'auditoire, et le dépit du procureur-général parut en redoubler.

— M. le procureur-général, dit Oates, qui intervenait toujours dans la conduite des procès de cette nature, c'est abandonner complètement, et de gaieté de cœur, une bonne cause; je dois dire que c'est étouffer la conspiration.

— Eh bien, s'écria le procureur-général, que le diable qui l'a enfantée lui rende la vie si bon lui semble! Et, jetant par terre son acte d'accusation avec un mouvement de colère, il se retira de la cour, comme outré de dépit contre tous ceux qui s'y trouvaient.

Le juge ayant obtenu silence, car un murmure s'éleva dans la cour à l'instant où le procureur-général jeta l'acte d'accusation, il commença à faire au jury le résumé de toute l'affaire, balançant, comme il l'avait fait pendant toute l'instruction, les opinions différentes par lesquelles il semblait alternativement entraîné. Il protesta sur l'espoir de son salut qu'il ne doutait pas plus de l'existence de l'horrible et infernal complot appelé la *conspiration des papistes*, que de la trahison de Judas Iscariotes, et qu'il regardait Oates comme l'instrument choisi par la Providence pour sauver la nation du gouffre de maux dans lequel l'aurait plongée l'assassinat de Sa Majesté, et la préserver du fléau d'une Saint-Barthélemy dans Londres. — Mais il ajouta que le vœu bien entendu des lois anglaises était que, plus le crime est grand, plus il faut que les preuves en soient fortes. Ici l'on voyait les complices d'un crime mis en jugement, tandis que le principal coupable, car c'était ainsi qu'il nommait la comtesse de Derby, était en liberté, et n'était pas même accusé. Quant au docteur Oates, il n'avait parlé que de choses qui concernaient personnellement cette noble dame, dont les expressions, si elle en avait employé de semblables dans un moment d'égarement, relativement à l'assistance qu'elle espérait recevoir dans des projets criminels des deux Peverils, de ses parens ou des parens de son fils, de la maison de Stanley, pouvaient n'être que le vain éclat du ressentiment d'une femme, *dulces Amaryllidis iræ*. Qui savait même si le docteur Oates, homme de bonne mine, de manières agréables, n'avait pas commis une méprise en prenant pour un châtiment du peu de zèle qu'il montrait pour la cause des catholiques, ce coup d'éventail qu'il avait reçu sur les doigts? Les dames papistes, disait-on, soumettaient parfois à de sévères épreuves les jeunes néophytes qui se disposaient à prendre les ordres. — Je parle de cette circonstance d'un ton badin, continua le juge, parce que je ne veux nuire à la bonne renommée ni de l'honorable comtesse ni du révérend docteur, et que je pense que ce qui s'est passé entre eux en cette occasion pouvait avoir un tout autre objet qu'un crime de haute trahison. Quant à ce que le procureur-général vous a dit de résistance à l'autorité, d'enlèvemens à main-armée, et de je ne sais quoi, il me semble que lorsque de tels événemens se passent dans un pays civilisé, il est facile d'en rapporter la preuve; et que ni vous ni moi, messieurs, nous ne devons les croire légèrement sur des ouï-dire. Pour cet autre accusé, ce *Galfridus minimus*, je dois dire que je ne vois pas même s'élever l'ombre d'un soupçon contre lui. Qui pourrait croire qu'une créature semblable, un avorton, s'enfoncerait dans les profondeurs de la politique, et prendrait part à des stratagèmes de guerre? On n'a qu'à le regarder pour être convaincu du contraire. Son âge le rapproche du tombeau plutôt que d'une conspiration; et sa taille, comme tout son extérieur, le rend plus propre à être montré comme une pièce curieuse qu'à être initié dans les mystères d'un complot.

Le nain fit entendre alors sa voix aigre et criarde pour assurer le juge que, tel qu'on le voyait, il avait pris part à sept conspirations du temps de Cromwell, et cela, ajouta-t-il fièrement, avec quelques-uns des hommes les plus grands d'Angleterre. L'air et la manière dont Geoffrey Hudson prononça cette rodomontade, et dont il serait impossible de donner une idée, suscitèrent dans tout l'auditoire de grands éclats de rire, et augmentèrent le ridicule qui commençait à s'attacher à cette affaire; de sorte que ce fut en se tenant les côtés, et avec des larmes, arrachées par une tout autre cause que la douleur, que les spectateurs entendirent la déclaration unanime du jury en faveur des trois accusés innocens.

Mais un mouvement de sensibilité plus vive agita le cœur de ceux qui virent le père et le fils se jeter dans les bras l'un de l'autre, et, après s'être embrassés cordialement, tendre la main à leur pauvre petit compagnon de danger, qui, de même qu'un chien quand il se trouve à pareille scène, avait enfin réussi à se glisser jusqu'à eux, et à s'assurer une part de leurs félicitations en leur offrant les siennes.

Telle fut la fin singulière de ce procès. Charles désirait se faire honneur auprès du duc d'Ormond de la manière adroite dont la loi venait d'être éludée, grace aux ruses qu'il avait lui-même imaginées et fait exécuter; et il fut surpris et mortifié de la froideur avec laquelle sa Grace lui répondit qu'il était enchanté de voir ses pauvres amis hors de danger, mais qu'il aurait voulu que Sa Majesté les en tirât en roi, en usant du droit qu'il avait de faire grace, au lieu de voir un juge les dérober à l'atteinte des lois, à peu près comme un faiseur de tours de gibecière escamote une muscade sous un gobelet.

CHAPITRE XLII.

—

« Moi seul, j'en battrais bien quarante. »
SHAKSPEARE. *Coriolan.*

PARMI ceux qui avaient assisté à l'instruction du procès et au jugement dont nous avons donné le précis, il se trouvait sans doute bien des gens qui pensaient que cette affaire avait été conduite d'une manière fort singulière, et que la querelle qui avait eu l'air d'avoir lieu entre le juge et le procureur-général n'était que le résultat d'un arrangement concerté d'avance entre eux, pour faire tomber l'accusation. Mais, quoiqu'on les soupçonnât de s'être entendus ensemble à cet effet, la plus grande partie de l'auditoire, étant composée de gens sensés et bien élevés, regardait déjà la conspiration dénoncée comme une billevesée, et voyait avec plaisir que des accusations banales, qui avaient fait couler tant de sang, pouvaient être éludées, n'importe de quelle manière. Mais la foule, qui attendait dans la cour des Requêtes, dans le vestibule et sur la place, voyait sous un jour tout différent ce qu'elle appelait la prévarication du juge et du procureur-général pour sauver les prisonniers.

Oates, qui n'avait pas besoin de tant de provocations qu'il en avait reçues ce jour-là pour agir en véritable frénétique, se jeta au milieu des flots de la multitude, en criant jusqu'à en perdre la voix : — Ils étouffent la conspiration! ils étranglent la conspiration! — Milord le juge et M. le procureur-général sont ligués pour sauver les conspirateurs et les papistes!

— C'est une invention de la papiste de Porstmouth, dit un des auditeurs.

— Ou plutôt de Rowley lui-même, dit un autre.

— S'il pouvait s'assassiner lui-même, dit un troisième, au diable qui l'en empêcherait!

— On devrait le juger pour avoir conspiré contre lui-même, s'écria un quatrième, et le pendre *in terrorem*.

Cependant sir Geoffrey, son fils et leur petit compagnon sortirent de la salle des séances du tribunal dans l'intention d'aller rejoindre lady Peveril, qui avait pris un logement dans Fleet-Street. Elle avait été tirée de bien des inquiétudes, comme sir Geoffrey le donna à entendre en peu de mots à Julien, par un ange, sous la forme d'une jeune amie, et elle les attendait sans doute en ce moment avec impatience. L'humanité, et une idée confuse qu'il pouvait bien avoir blessé la susceptibilité du pauvre nain engagèrent le vieux Cavalier à l'inviter à les accompagner. — Je sais que lady Peveril est logée un peu à l'étroit, dit-il à son fils; mais il serait bien étrange qu'il ne se trouvât pas chez elle un buffet assez grand pour servir de lit à cette pauvre petite créature.

Le nain entendit cette remarque, dont l'intention était bonne, et la grava dans sa mémoire, avec l'allusion à sa danse sur un plat, pour en faire le sujet d'une explication quand les circonstances le permettraient.

En sortant de la cour de justice, ils attirèrent l'attention générale, tant à cause de la situation dont ils venaient de sortir, que par leur ressemblance, comme le dit un espiègle étudiant du Temple, aux trois degrés de comparaison, le grand, le moindre, le très-petit. Mais ils n'avaient pas fait beaucoup de chemin, quand Julien s'aperçut que des passions plus à craindre que la simple curiosité agitaient la foule qui les suivait, et qui semblait épier tous leurs mouvemens.

— Les voilà, ces scélérats de papistes! dit un homme du peuple; les voilà qui vont à Rome!

— Vous voulez dire à Whitehall, dit un autre.

— Les monstres sanguinaires! s'écria une femme, c'est une honte d'en laisser vivre un seul, après le meurtre abominable du pauvre sir Edmondbury.

— Que la foudre, dit un autre, écrase les coquins de jurés qui ont lâché ces chiens enragés contre une malheureuse ville!

Le tumulte croissait à chaque instant, et les plus furieux s'écriaient déjà: *lambons-les*, mes amis, *lambons-les !* mot fort en usage à cette époque, et qui avait été forgé par allusion au destin du docteur Lamb, charlatan et astrologue massacré par la populace, du temps de Charles Ier.

Julien commença à être alarmé de ces symptômes de violence, et regretta de n'avoir pas pris un bateau pour se rendre par eau dans la Cité. Il était alors trop tard pour faire ainsi sa retraite, et il engagea tout bas son père à doubler le pas pour gagner Charing-Cross, sans faire attention aux insultes qu'on pourrait leur adresser, un air ferme et une démarche assurée pouvant empêcher la canaille d'en venir à des extrémités. Cet avis était prudent; mais lorsqu'ils eurent passé devant le palais de Whitehall, le caractère impétueux de sir Geoffrey Peveril et le naturel non moins irascible de *Galfridus minimus*, dont le courage ne comptait pas plus le nombre qu'il ne mesurait la taille, ne leur permirent pas de le suivre.

— Au diable les coquins, avec leurs cris et leurs hurlemens! dit sir Geoffrey le grand. De par le ciel, si je pouvais trouver un bâton, j'inculquerais la raison et la loyauté dans quelques-unes de leurs carcasses!

— J'en ferais autant, dit le nain, qui suait sang et eau pour suivre ses compagnons, et qui pouvait à peine respirer; et moi aussi je bâtonnerais outre mesure ces marauds de plébéiens, hem! hem!

Parmi la foule qui les suivait en criant et en les insultant de toutes manières, si l'on en excepte les voies de fait, se trouvait un garçon cordonnier, qui, entendant cette malheureuse bravade du nain belliqueux, l'en récompensa en lui déchargeant sur la tête un coup d'une botte qu'il tenait à la main, et qu'il reportait à sa pratique. La violence du coup enfonça le chapeau du nain sur ses yeux, et ne sachant qui l'avait frappé il se jeta par instinct sur le plus grand des drôles qu'il vit près de lui. Celui-ci para l'attaque en lui donnant dans la poitrine un coup de poing qui renvoya le pauvre petit champion près de ses compagnons. Ils furent alors assaillis de toutes parts; mais la fortune, favorable aux désirs de sir Geoffrey le grand, voulut que cette querelle eût lieu près de la boutique d'un armurier; et, parmi les armes qui y étaient exposées à la vue du public, sir Geoffrey Peveril saisit une épée qu'il fit brandir avec la dextérité d'un homme habitué depuis longtemps à s'en servir. Julien, tout en appelant à haute voix un officier de paix, et en rappelant aux assaillans qu'ils attaquaient des gens qui ne les avaient nullement provoqués, ne vit rien de mieux à faire que d'imiter son père, et il s'empara comme lui d'une des armes que le hasard lui présentait.

Tandis qu'ils donnaient ainsi des signes non équivoques de leur détermination à se défendre, la foule se jeta sur eux avec tant d'impétuosité que le malheureux nain fut renversé, et il allait être foulé aux pieds si le vieux chevalier, écartant la populace en faisant le moulinet autour de lui avec son sabre, ne l'eût saisi d'un bras vigoureux et ne l'eût mis à l'abri des coups en le plaçant sur l'auvent en terrasse qui couvrait la porte de l'armurier. Le nain saisit à l'instant parmi les armes rouillées étalées sous ses pieds un vieux bouclier, puis une rapière, et, se couvrant de l'un tandis qu'il estramaçonnait de l'autre aux yeux de la populace ameutée, il se trouvait si bien du poste avantageux qu'il occupait, qu'il criait à haute voix à ses deux amis, escarmouchant à armes plus égales avec leurs adversaires, de ne pas perdre de temps pour venir se mettre sous sa protection. Mais, bien loin d'avoir besoin de son secours, le père et le fils se seraient aisément fait jour à travers la canaille, s'ils avaient pu se résoudre à laisser leur petit compagnon dans la situation où il se trouvait, et où, à tout autre œil qu'au sien, il était comme un petit mannequin armé d'une épée et d'un bouclier, placé pour servir d'enseigne à la porte d'un maître d'escrime.

Les pierres et les bâtons commencèrent bientôt à voler, et la populace, malgré les efforts des deux Peverils pour la disperser en faisant le moins de mal possible, semblait déterminée à les sacrifier à sa rage, quand quelques personnes qui avaient assisté au jugement, apprenant que les accusés qui venaient d'être acquittés étaient en danger d'être massacrés par la canaille, tirèrent l'épée pour les dégager. La populace ne commença pourtant à se disperser que lorsqu'elle vit approcher, presqu'au même instant, un détachement des gardes-du-corps qu'on avait fait partir de leur résidence ordinaire à la première nouvelle de ce qui se passait. Quand ce renfort inattendu arriva, le vieux chevalier entendit avec joie partir du milieu de ce petit groupe de braves quelques-uns des cris qui avaient animé sa jeunesse plus active.

— Où sont ces coquins de Têtes-Rondes? criaient les uns. — Assommez ces chiens d'hypocrites! disaient les autres. — Vivent le roi et ses amis, et au diable tout le reste! s'écriaient quelques autres, avec plus de juremens qu'il n'est nécessaire d'en confier au papier dans un siècle où les oreilles sont plus délicates.

Le vieux Cavalier, dressant les oreilles comme un chien de chasse qui reconnaît la voix des piqueurs, aurait volontiers, maintenant qu'il se voyait si bien appuyé, balayé le Strand, dans la charitable intention de forcer les coquins qui l'avaient insulté à se cacher dans des bouteilles d'osier, comme il le dit; mais il fut retenu par la prudence de Julien, qui, quoique très-courroucé lui-même de la manière dont ils avaient été traités sans provocation, voyait qu'ils étaient dans une position où ils devaient songer à leur sûreté, au lieu de se livrer à des projets de vengeance. Il pria et pressa son père de chercher une retraite momentanée, tandis qu'ils le pouvaient, pour se dérober à la fureur de la populace. Le sous-officier qui commandait le détachement des gardes-du-corps engagea aussi l'ancien Cavalier à suivre ce conseil prudent, et fit même sonner le nom du roi pour l'y déterminer, tandis que Julien avait recours à celui de sa mère.

Sir Geoffrey Peveril regarda sa lame rougie du sang de quelques-uns de ses plus audacieux adversaires, qu'il avait légèrement blessés, et il avait l'air de n'être qu'à demi satisfait. — Si du moins j'avais couché sur le carreau un de ces drôles! s'écria-t-il; mais je ne sais comment cela s'est fait, en voyant leurs figures anglaises rondes et larges, je ne pouvais me résoudre à pointer, et je me contentais de quelques taillades.

— Le bon plaisir du roi est que cette affaire n'aille pas plus loin, dit le sous-officier.

— Ma mère mourra d'inquiétude, dit Julien, si elle entend parler de ce tumulte avant que nous soyons arrivés.

— Oui, oui, dit le chevalier, Sa Majesté d'une part et ma bonne femme de l'autre... Eh bien, que leur bon plaisir s'accomplisse, c'est tout ce que je puis dire. Il faut bien obéir aux rois et aux dames. Mais par où battre en retraite, puisqu'il faut le faire?

Julien aurait été assez embarrassé pour répondre à cette question; car toutes les portes, toutes les boutiques avaient été fermées dans les environs dès qu'on avait vu cette scène de confusion prendre un caractère redoutable. Mais l'armurier, des marchandises duquel ils s'étaient emparés sans trop de cérémonie, leur offrit un asile de la part du propriétaire de la maison, dans laquelle il louait sa boutique, ajoutant seulement avec beaucoup de douceur qu'il espérait que ces messieurs prendraient en considération l'usage qu'ils avaient fait de ses armes.

Julien réfléchissait à la hâte s'il était prudent d'accepter l'invitation de cet homme, sachant par expérience combien de pièges étaient dans l'usage de se tendre deux factions dont la haine était trop invétérée pour se faire un scrupule d'employer la duplicité contre leurs ennemis, quand le nain, faisant entendre sa voix aigre et criant de toutes ses forces du haut du poste qu'il occupait toujours sur l'auvent de la boutique, les exhorta à accepter l'offre du digne maître de la maison. — Lui-même, dit-il en se reposant après la glorieuse victoire à laquelle il se flattait d'avoir eu quelque part, avait été favorisé d'une vision béatifique, trop splendide pour être décrite au commun des mortels. Une voix qui avait fait bondir son cœur comme le son d'une trompette l'avait invité à se réfugier chez le respectable propriétaire de cette maison, et à solliciter ses amis à en faire autant.

— Une vision! le son d'une trompette! s'écria le chevalier du Pic. Le petit homme est fou à lier.

Mais l'armurier se hâta de lui expliquer que le nain avait reçu avis d'une dame de sa connaissance, qui lui avait parlé par une fenêtre tandis qu'il était sur l'auvent, que ses amis et lui trouveraient une retraite sûre chez le propriétaire de la maison. Il l'engagea en même temps à faire attention à de nouveaux cris qui se faisaient entendre dans l'éloignement. En effet, la canaille se disposait à revenir à la charge en plus grand nombre, et avec une nouvelle violence.

Le père et le fils remercièrent donc à la hâte l'officier et son détachement, de même que les autres personnes qui avaient pris volontairement leur défense, et ils descendirent le petit sir Geoffrey Hudson du poste élevé qu'il avait si honorablement occupé pendant l'escarmouche ; ils suivirent alors l'armurier, qui, les conduisant par un passage voisin, et leur faisant traverser une ou deux cours, afin, leur dit-il, de tromper l'espion si quelqu'un voulait voir où ils allaient se terrer, les fit entrer dans la maison par une porte de derrière. Ils montèrent ensuite un escalier couvert de nattes de paille pour obvier à l'humidité, et au haut duquels ils entrèrent dans un assez grand salon, dont les murs étaient couverts d'une grosse serge verte bordée de cuir doré, tenture que les citoyens peu riches ou économes adoptaient alors au lieu de tapisserie ou de boiserie.

Là Julien récompensa si généreusement l'armurier de l'emprunt forcé qui lui avait été fait de ses armes, que l'artisan en abandonna la propriété à ceux qui venaient de s'en servir, d'autant plus volontiers, ajouta-t-il, qu'il était charmé de les voir entre les mains de gens qui en connaissaient le maniement, et d'hommes de grande taille.

Le nain lui sourit d'un air courtois, en le saluant, et mit en même temps la main dans sa poche; mais il l'en retira d'un air d'insouciance, probablement parce qu'il n'y trouva pas de quoi faire la petite libéralité qu'il méditait.

L'armurier les salua; et, comme il allait se retirer, il dit qu'il prévoyait que le bon temps reviendrait en Angleterre, et que les lames de Bilbao se vendraient aussi bien que jamais. — Je me souviens, messieurs, dit-il, quoique je ne fusse alors qu'apprenti, qu'en 1641 et 1642 la demande d'armes était considérable; on achetait plus de sabres que de cure-dents, et le vieux Ironsides, mon maître, vendait de méchantes rapières de Provant le double de la somme que j'oserais demander aujourd'hui pour une lame de Tolède. Mais, à coup sûr, la vie d'un homme dépendait de la lame qu'il portait; les Cavaliers et les Têtes-Rondes se battaient tous les jours à la porte de Whitehall. Comme il est probable, d'après votre bon exemple, messieurs, que cela peut encore arriver, ce qui me mettrait en état de quitter cette boutique pour en ouvrir une plus belle, j'espère que vous me recommanderez à vos amis; j'ai toujours des marchandises avec lesquelles un gentilhomme peut risquer sa vie sans crainte.

— Je vous remercie, mon cher ami, répondit Julien; mais je vous prie de nous laisser. J'espère que nous n'aurons pas besoin de vos marchandises, du moins d'ici à quelque temps.

L'armurier se retira; mais, pendant qu'il descendait, le nain lui cria qu'il reviendrait le voir incessamment pour se munir d'une lame plus longue et plus convenable pour se battre, la rapière qu'il avait n'étant bonne que pour la parade ou pour une escarmouche avec de la canaille, comme celle qui venait d'avoir lieu.

Ce peu de mots rappelèrent l'armurier, qui dit à sir Geoffrey le petit qu'il trouverait chez lui une lame digne de son courage; et, comme si cette idée ne se fût présentée à son esprit qu'en ce moment : — Mais, messieurs, dit-il, vous ne pouvez traverser le Strand avec des lames nues à la main, ce serait le moyen d'ameuter encore une fois la populace. Si vous le désirez, pendant que vous allez vous reposer ici, j'y ajusterai des fourreaux.

Cette observation parut si raisonnable, que Julien et son père remirent sur-le-champ leurs armes au bon armurier. Le nain suivit leur exemple, mais après avoir hésité un moment, ne se souciant pas, dit-il avec emphase, de se séparer si tôt de l'ami fidèle que la fortune venait de lui procurer il n'y avait qu'un instant. L'artisan sortit en emportant les armes des trois amis; et, quand il se retira, ils entendirent fermer la porte à double tour.

— Avez-vous entendu cela? demanda sir Geoffrey à son fils; et nous voilà désarmés!

Julien, avant de lui répondre, examina la porte, qui était bien fermée, et les fenêtres, qui étaient au premier étage, garnies de barreaux de fer. — Je ne puis croire, dit-il après un moment de réflexion, que ce drôle ait voulu nous prendre dans un piège. Dans tous les cas, il ne serait pas difficile de forcer la porte et de nous en aller. Mais, avant d'en venir à cette mesure violente, je crois qu'il vaut mieux laisser la canaille se disperser, et donner à cet homme un temps raisonnable pour nous rapporter nos armes. Alors, s'il ne revient pas, j'espère que nous ne trouverons pas beaucoup de difficulté à nous tirer d'embarras.

Comme il finissait de parler, la tapisserie se souleva; on vit s'ouvrir une petite porte qu'elle cachait, et le major Bridgenorth entra dans l'appartement.

CHAPITRE XLIII.

—

« Tel qu'un esprit sortant de la nuit des tombeaux,
» Il vint leur annoncer des jugemens terribles,
» Les cieux fermés pour eux, des tortures horribles. »
Le Réformateur.

L'étonnement de Julien à l'apparition inattendue du major Bridgenorth fut remplacé au même instant par la crainte que lui inspira le caractère violent de son père ; car il avait toutes les raisons possibles pour craindre de le voir se livrer à quelque emportement contre un homme qu'il respectait autant pour lui-même que parce qu'il était le père d'Alice. La manière dont il se présenta n'était pourtant pas faite pour éveiller le ressentiment. Son front était calme, sa démarche lente et mesurée ; ses yeux indiquaient, à la vérité, les soucis et l'inquiétude, mais n'exprimaient ni l'animosité de la colère ni la joie du triomphe.

— Vous êtes le bienvenu chez moi, sir Geoffrey Peveril, dit-il; aussi bien venu que vous l'auriez été jadis quand nous nous appelions voisins et amis.

— Sur mon ame, répondit le vieux Cavalier, si j'avais su que cette maison fût à toi, j'aurais souffert qu'on m'arrachât l'ame du corps plutôt que de passer le seuil de ta porte, c'est-à-dire pour y chercher ma sûreté.

— Je pardonne votre animosité à vos préventions, dit le major.

— Gardez votre pardon, jusqu'à ce que vous l'ayez obtenu vous-même, répliqua sir Geoffrey. Par saint Georges! j'ai juré que si je mettais jamais les pieds hors de cette infernale prison où j'ai été envoyé, en grande partie grace à vous, M. Bridgenorth, je vous ferais payer les loyers de ce mauvais logis. Je ne frapperai personne dans sa maison; mais si vous voulez ordonner à ce drôle de me rendre mon arme, et venir faire un tour avec moi dans cette cour sombre à deux pas, je vous ferai voir quelle chance peut avoir un traître contre un sujet loyal, — un puritain contre un Peveril du Pic.

— Quand j'étais plus jeune, et que j'avais le sang plus ardent, sir Geoffrey, répondit Bridgenorth en souriant et avec beaucoup de sang-froid, j'ai refusé votre cartel. Est-il probable que je l'accepte à présent, que nous sommes tous deux si voisins du tombeau? Je n'ai jamais été, je ne serai jamais avare de mon sang pour mon pays.

— C'est-à-dire quand il s'agit de prendre les armes contre le roi, dit le chevalier.

— Mon père! s'écria Julien, écoutons M. Bridgenorth. Nous avons trouvé un asile chez lui ; et quoique nous le voyions à Londres, nous devons nous rappeler qu'il n'a point paru en témoignage contre nous ce matin, quand sa déposition aurait pu donner une tournure fâcheuse à votre affaire.

— Vous avez raison, jeune homme, dit Bridgenorth, et mon défaut de comparution aujourd'hui à Westminster doit être un gage de ma sincérité. Il ne me fallait que dix minutes de marche pour aller, dans la salle des séances de la cour de justice, assurer votre condamnation. Mais comment aurais-je pu m'y résoudre, sachant comme je le sais que c'est à toi, Julien Peveril, que je dois le salut de ma fille, de ma chère Alice, de tout ce qui me reste de sa sainte mère ; que c'est toi qui l'as délivrée des pièges dont l'enfer et la perfidie l'avaient entourée!

— Elle est en sûreté, j'espère ! s'écria Julien avec vivacité, oubliant presque la présence de son père ; bien en sûreté, et sous votre propre garde.

— Non pas sous la mienne, mais sous celle d'une personne à la protection de laquelle, après celle du ciel, je puis la confier avec le plus de sécurité.

— En êtes-vous sûr? en êtes-vous bien sûr ? je l'ai trouvée entre les mains d'une femme à qui elle avait été confiée, et qui cependant....

— Était la plus vile des créatures. Mais celui qui l'avait choisie avait été trompé sur son caractère.

— Dites plutôt que vous vous êtes trompé sur celui de cet homme. Souvenez-vous que, lorsque nous nous quittâmes à Moultrassie-Hall, je vous avertis de vous méfier de ce Ganlesse, qui....

— Je sais ce que vous voulez dire, et vous ne vous

êtes pas trompé en m'en parlant comme d'un mondain. Mais il a réparé son erreur en délivrant Alice des dangers dans lesquels elle fut plongée lorsqu'elle se trouva séparée de vous. D'ailleurs, je n'ai pas jugé à propos de lui confier de nouveau celle qui est tout ce que j'ai de plus cher.

— Je rends graces au ciel de ce que vous avez ouvert les yeux, du moins en partie.

— Ce jour les ouvrira tout-à-fait ou les fermera pour toujours, répondit Bridgenorth.

Pendant ce court dialogue, que les interlocuteurs tinrent ensemble sans faire attention qu'ils avaient d'autres auditeurs, sir Geoffrey écoutait avec surprise et curiosité, espérant entendre quelque chose qui rendrait cette conversation intelligible pour lui ; mais, ne pouvant rien y comprendre, il cria tout à coup : — Sang et tonnerre ! Julien, que signifie tout ce bavardage ? Que peux-tu avoir de commun avec cet homme, à moins que ce soit pour le bâtonner, si tu ne jugeais pas indigne de toi de faire périr sous le bâton un aussi vieux coquin ?

— Vous ne connaissez pas M. Bridgenorth, mon père, s'écria Julien ; je suis certain que vous ne lui rendez pas justice. Je lui ai de grandes obligations, et je suis sûr que lorsque vous les apprendrez....

— J'espère que je mourrai auparavant, s'écria sir Geoffrey avec une violence toujours croissante ; j'espère que le ciel, dans sa merci, me réunira à mes ancêtres avant que j'apprenne que mon fils, mon fils unique, le dernier espoir de mon ancienne maison, tout ce qui me reste du nom de Peveril, a consenti à contracter quelque obligation envers l'homme que je devais le plus haïr dans le monde entier, si je ne devais le mépriser encore davantage. Enfant dégénéré! vous rougissez! vous gardez le silence! Parlez! désavouez une telle bassesse, ou par le Dieu de mes pères....

Le nain s'avança vers lui tout à coup. — Silence! s'écria-t-il d'une voix si discordante et si imposante en même temps, qu'elle semblait presque surnaturelle; silence! homme de péché et d'orgueil, et n'appelez pas le nom d'un Dieu qui est la sainteté même, en témoignage de votre ressentiment profane.

Ces paroles, prononcées d'un ton ferme et décidé, et l'enthousiasme avec lequel il s'exprimait, donnèrent en ce moment au nain méprisé un ascendant marqué sur l'homme dont il n'atteignait pas le coude. Sir Geoffrey Peveril le regarda un instant d'un air surpris et presque timide, comme si une apparition surnaturelle se fût offerte à ses yeux. — Connaissez-vous la cause de mon ressentiment? lui demanda-t-il ensuite.

— Non, répondit le nain : il me suffit de savoir que rien ne peut justifier le serment que vous alliez faire. Homme ingrat! vous avez été sauvé aujourd'hui de la fureur dévorante des méchans par un concours merveilleux de circonstances; est-ce dans un pareil jour que vous devez vous livrer à vos ressentimens?

— Je mérite ce reproche, dit sir Geoffrey; mais il m'arrive par une entremise bien singulière. La sauterelle, comme dit le livre de prières, est devenue un fardeau pesant pour mes épaules. Julien, je te parlerai plus tard de cette affaire. Quant à vous, M. Bridgenorth, je désire ne plus avoir aucune communication avec vous, ni amicale, ni hostile : le temps se passe, et je ne demande qu'à retourner dans ma famille. Faites-nous rendre nos armes; ouvrez-nous les portes, et séparons-nous sans autre altercation, car cela ne pourrait servir qu'à nous troubler l'esprit et à nous aigrir encore davantage.

— Sir Geoffrey Peveril, dit Bridgenorth, je ne désire troubler ni votre esprit ni le mien; mais, pour nous séparer si promptement, c'est ce qui serait difficile, car cela ne peut s'accorder avec l'œuvre que j'ai sous la main.

— Comment, monsieur! s'écria le nain, voulez-vous dire que vous nous retiendrez ici de gré ou de force? si je n'étais obligé d'y rester par l'ordre d'un être qui a tout pouvoir de commander à ce pauvre microcosme, je vous ferais voir que les clefs et les verroux ne peuvent arrêter un homme comme moi.

— Il a raison, dit sir Geoffrey Peveril; car je crois qu'au besoin le petit homme pourrait s'échapper par le trou de la serrure.

Les traits du major s'épanouirent presque jusqu'à sourire en entendant la bravade du petit héros et le commentaire méprisant de sir Geoffrey Peveril; mais une telle expression ne s'y laissait jamais voir deux secondes de suite; — il retrouva aussitôt toute sa gravité : — Messieurs, dit-il, il faut que vous ayez la bonté de prendre votre parti. Croyez-moi, on ne vous veut aucun mal; au contraire, en restant ici, vous consulterez votre sûreté, qui sans cela pourrait courir de grands dangers. Ce sera votre faute si vous perdez un cheveu de votre tête. Mais j'ai la force pour moi, et quoi qu'il puisse vous arriver, si vous essayez d'employer la violence pour sortir d'ici, vous n'aurez de reproches à faire qu'à vous-mêmes. Si vous ne m'en croyez pas, je consens que Julien Peveril m'accompagne, et je lui ferai voir que j'ai le moyen de réprimer tout acte de violence.

— Trahison! trahison! s'écria le vieux chevalier. Trahison contre Dieu et contre le roi! Oh, que n'ai-je pour une demi-heure la lame dont j'ai été assez sot pour me dessaisir!

— Calmez-vous, mon père, je vous en conjure, dit Julien. Je vais suivre M. Bridgenorth, puisqu'il y consent. Je m'assurerai s'il existe quelque danger et de quelle nature il est. S'il s'agit de quelque mesure de violence, peut-être réussirai-je à l'en détourner. Mais, dans tous les cas, ne craignez pas que votre fils fasse rien qui soit indigne de lui.

— Faites ce qu'il vous plaira, Julien, lui répondit son père, je mets ma confiance en vous; mais, si vous la trahissez, la malédiction d'un père s'attachera à vos pas.

Bridgenorth fit alors signe à Julien de le suivre, et ils sortirent par la petite porte par laquelle il était arrivé.

Cette porte conduisait dans un vestibule, ou espèce d'antichambre, dans laquelle semblaient aboutir différens corridors fermés par autant de portes. Bridgenorth, en ayant ouvert une, fit signe à Julien de le suivre en silence et avec précaution. Julien obéit; et, après avoir fait quelques pas, il entendit des sons semblables à ceux de la voix humaine, et bientôt une véritable déclamation solennelle et emphatique. Continuant à marcher avec lenteur et sans bruit, Bridgenorth le fit passer par une porte qui terminait ce corridor, et l'introduisit dans une petite galerie fermée par un rideau.

Là il entendit très-distinctement une voix qui lui parut celle d'un prédicateur.

Julien ne douta pas alors qu'il ne fût dans un de ces conventicules en contravention avec les lois existantes, mais qui continuaient à se tenir régulièrement dans différentes parties de Londres et des faubourgs. La prudence et la timidité du gouvernement fermaient les yeux sur ceux qui étaient fréquentés par des gens dont les opinions politiques étaient modérées, et qui n'étaient non-conformistes que par principe de conscience. Mais on cherchait, on dispersait, on persécutait partout où l'on pouvait les découvrir ceux où se rassemblaient les esprits plus rigides et plus exaltés composant les sectes connues sous les noms d'Indépendans, d'Anabaptistes, et plusieurs autres dont le farouche enthousiasme avait contribué à renverser le trône de Charles Ier.

Julien fut bientôt convaincu que l'assemblée dans laquelle il était ainsi secrètement introduit appartenait à cette dernière classe, et qu'elle se composait de gens professant les principes les plus exagérés, à en juger par la violence du prédicateur. Il en fut encore plus certain quand, à un signe que lui fit Bridgenorth, il eut entr'ouvert avec précaution une partie du rideau qui couvrait le devant de la galerie, et qu'il put, sans être vu lui-même, voir l'auditoire et le prédicateur.

Environ deux cents hommes étaient assemblés dans une grande salle garnie de bancs, et semblaient occupés de l'exercice de leur culte. Mais tous étaient armés de piques, de mousquets, de sabres et de pistolets. La plupart avaient l'air de soldats vétérans, commençant à entrer dans l'automne de la vie, mais conservant assez de force pour suppléer à l'agilité de la jeunesse.

Ils étaient assis dans diverses attitudes, mais annonçant une profonde attention. Appuyés sur leurs piques ou sur leurs mousquets, ils avaient les yeux fixés sur le prédicateur, qui termina une violente déclamation en déployant du haut de sa chaire une bannière sur laquelle était représenté un lion avec l'inscription *Vicit leo ex tribu Judœ* (1).

L'éloquence mystique, mais animée, du prédicateur, vieillard à cheveux gris à qui le zèle semblait rendre une voix que l'âge avait cassée, convenait parfaitement au goût de ses auditeurs ; mais on ne pourrait le reproduire dans ces pages sans faire crier à l'inconvenance et au scandale. Il menaça le gouvernement d'Angleterre des jugemens rendus par le ciel contre Moab et l'Assyrie. Il conjura les saints qui l'écoutaient de se revêtir de force, de se lever et d'agir ; et leur promit ces miracles qui, dans les campagnes de Josué et de ses successeurs les vaillans juges d'Israël, avaient suppléé au nombre contre les Ammonites, les Madianites et les Philistins.

Julien, dévoré d'inquiétudes, en eut bientôt assez entendu pour être persuadé que cette assemblée se terminerait probablement par une insurrection ouverte, comme celle des hommes de la Cinquième Monarchie, sous Venner, au commencement du règne de Charles Ier, et il songea avec effroi qu'il était vraisemblable que Bridgenorth se trouverait entraîné dans une entreprise si criminelle et si désespérée. S'il avait pu conserver quelques doutes sur le résultat de cette assemblée, ils se seraient dissipés quand il entendit le prédicateur exhorter ses auditeurs à renoncer à l'espoir qu'on avait

(1) Le lion de Juda a vaincu. — Tr.

conçu jusqu'alors de sauver la nation par le moyen des lois ordinaires d'Angleterre. Ce n'était, dit-il, qu'un désir charnel d'une assistance terrestre; c'était aller chercher du secours en Égypte, ce que l'œil jaloux de leur divin maître ne verrait que comme une fuite vers un autre rocher, vers une bannière différente de celle qui était déployée en ce moment à leurs yeux. A ces mots il agita solennellement la bannière du lion sur leur tête, comme le seul étendard sous lequel ils dussent chercher la vie et le salut.

Il soutint ensuite que tout recours à la justice ordinaire était inutile, était même un péché. — Ce qui s'est passé aujourd'hui à la cour de justice de Westminster, dit-il, peut vous apprendre que l'homme qui siège à Whitehall est semblable à l'homme qui fut son père. Et il termina une longue tirade contre les vices de la cour, en les assurant que Tophet (1) était ordonné depuis long-temps, et qu'il était échauffé par le roi.

Lorsque le prédicateur commença la description du gouvernement théocratique qui approchait, Bridgenorth, qui semblait avoir oublié quelque temps la présence de Julien pour écouter avec toute l'attention dont il était capable le discours de cet énergumène, parut tout à coup revenir à lui-même; et, prenant Peveril par la main, il le fit sortir de la galerie dont il ferma la porte avec soin, et le conduisit dans un appartement voisin.

(1) *Tophet* est un mot employé par le prophète Isaïe, sur le sens duquel on n'est pas trop d'accord. Suivant les uns, c'était une tuerie située au sud de Jérusalem, où brûlait un feu continuel destiné à consumer les entrailles des bestiaux et autres immondices. D'autres prétendent qu'on donnait ce nom au brasier dans lequel on brûlait les enfans sacrifiés à Moloch. — Éd.

Quand ils y furent arrivés, il prévint les questions que Julien se disposait à lui faire en lui demandant d'un ton sévère, mais qui exprimait un secret triomphe, s'il était probable que les hommes qu'il venait de voir feraient leur ouvrage avec négligence, et s'il ne serait pas dangereux de vouloir sortir de vive force d'une maison dont toutes les issues étaient gardées par des hommes semblables, anciens guerriers habitués aux armes depuis leur enfance?

— Au nom du ciel! dit Julien sans répondre à cette question, pour quel projet, inspiré par le désespoir, avez-vous rassemblé tant de gens exaspérés? Je sais que vous avez des opinions religieuses toutes particulières; mais prenez garde de vous tromper vous-même. Jamais la religion, sous quelque point de vue qu'on la la considère, ne peut sanctionner la rébellion et le meurtre. Telles sont pourtant les conséquences naturelles et nécessaires de la doctrine que nous venons d'entendre prêcher aux oreilles de ces fanatiques et violens enthousiastes.

— Mon fils, répondit Bridgenorth avec calme, je pensais comme vous dans les jours de ma jeunesse. Je croyais avoir fait assez quand j'avais payé ma dîme de cumin et d'anis, quand j'avais accompli les petites observances morales de l'ancienne loi; je croyais avoir amassé des trésors précieux, qui hélas! n'avaient pas plus de valeur que les cosses laissées par les pourceaux dans leur auge. Béni soit le ciel! les écailles sont tombées de mes yeux, et, après avoir erré quarante ans dans les déserts de Sinaï, je suis enfin arrivé dans la Terre de Promission. Je me suis purifié de la corruption de ma nature humaine; je me suis dépouillé du vieil homme, et ma conscience me permet à présent de mettre la main à la charrue, certain que, partout où je porterai mes regards en arrière, je n'apercevrai en moi aucune faiblesse. — Les sillons, ajouta-t-il en fronçant les sourcils, doivent être longs et profonds, et il faut que le sang des forts les arrose.

Ses yeux s'animèrent de plus en plus, et il s'opéra dans son ton et ses manières, tandis qu'il prononçait ces singulières expressions, un changement qui convainquit Julien que l'esprit du major, qui avait chancelé tant d'années entre son bon sens naturel et l'enthousiasme insensé de son siècle, s'était enfin abandonné à ce dernier mouvement. Sentant le danger auquel allaient vraisemblablement être exposés l'innocente et belle Alice et son père, pour ne rien dire du risque qu'une insurrection soudaine ferait courir à tous les citoyens, il sentait aussi que nul raisonnement ne pouvait être efficace sur un homme qui opposerait la conviction que le fanatisme avait opérée dans son esprit à tous les argumens qu'on pourrait multiplier contre ses projets insensés. S'adresser à son cœur, semblait une ressource dont le succès était plus probable. Julien conjura donc le major de réfléchir combien l'honneur et la sûreté de sa fille exigeaient qu'il s'abstînt de la démarche dangereuse qu'il méditait. — Si vous succombez, lui dit-il, ne tombe-t-elle pas sous la tutèle et l'autorité de son oncle, qui, d'après vous-même, s'est rendu coupable de la méprise la plus grossière en lui choisissant une protectrice; et qui, suivant moi, et comme j'ai de bonnes raisons pour le croire, a fait ce choix infame, les yeux ouverts?

—Jeune homme, répondit Bridgenorth, vous me

faites éprouver ce qu'éprouve le pauvre oiseau à la patte duquel un enfant cruel a attaché une ficelle pour le ramener vers la terre quand bon lui semble. Mais, puisque vous voulez jouer ce rôle barbare et me faire descendre de mes contemplations plus élevées, apprenez que celle aux soins de qui j'ai confié Alice, et qui a désormais plein et entier pouvoir de diriger ses actions et de décider de son sort, en dépit de Christian et de qui que ce soit, est..... Non, je ne vous dirai pas qui elle est : qu'il vous suffise de savoir que personne ne doit craindre pour sa sûreté, vous moins que tout autre.

En ce moment, une porte latérale s'ouvrit, et Christian lui-même entra dans l'appartement. Il tressaillit et rougit en apercevant Julien, et, se retournant vers Bridgenorth, il lui demanda d'un air d'indifférence :—Saül est-il parmi les prophètes ? Un Peveril se trouve-t-il au nombre des saints ?

— Non, mon frère, répondit Bridgenorth ; son heure n'est pas plus arrivée que la tienne. Tu es enfoncé trop profondément dans les intrigues de l'âge mûr, et il est trop emporté par les passions orageuses de la jeunesse, pour que vous puissiez l'un et l'autre entendre la voix calme qui vous appelle.—Vous l'entendrez tous deux, je l'espère du moins, et je le demande au ciel dans mes prières.

— M. Ganlesse, Christian, ou quel que soit le nom que vous vous donniez, dit Julien, quels que soient les motifs qui vous guident dans cette affaire dangereuse, vous du moins vous n'êtes pas enflammé par l'idée que l'ordre immédiat du ciel vous ordonne des hostilités contre l'État. Oubliant donc, quant à présent, les sujets de discussion que nous pouvons avoir ensemble, unissez-vous à moi, je vous en conjure, comme homme doué de jugement et de bon sens, pour dissuader M. Bridgenorth de l'entreprise fatale qu'il médite.

— Jeune homme, répondit Christian avec beaucoup de sang-froid, quand nous nous sommes rencontrés dans l'ouest, je désirais faire de vous un ami; mais vous avez repoussé mes avances. Vous m'aviez pourtant assez vu pour être assuré que je n'étais pas homme à donner les mains témérairement à une entreprise désespérée. Dans celle qui nous occupe, mon frère Bridgenorth apporte la simplicité de la colombe, sinon son innocence, et j'y joins la subtilité du serpent. Il a la conduite des saints qui sont inspirés par l'esprit; et je puis ajouter à leurs efforts ceux d'un corps puissant d'auxiliaires qui ont pour instigateurs le monde, Belzébuth et la chair.

— Et pouvez-vous consentir à une semblable union? demanda à Julien à Bridgenorth.

— Je ne m'unis pas avec eux, répondit le major; mais je ne pourrais, sans me rendre coupable, rejeter les secours que la Providence envoie à ses serviteurs. Nous ne sommes, nous, qu'un petit nombre, quoique déterminés. Ceux qui arrivent avec des faucilles pour nous aider à moissonner, doivent être les bienvenus. Quand la récolte sera faite, ils seront convertis ou dispersés. — Avez-vous été à York-Place, mon frère? Avez-vous vu cet épicurien vacillant? Il nous faut sa dernière résolution, il nous la faut avant qu'une heure se soit écoulée.

Christian jeta les yeux sur Julien, comme si sa présence l'eût empêché de répondre à cette question, sur quoi Bridgenorth se leva, et, prenant le jeune homme par le bras, il le reconduisit dans l'appartement où il avait laissé son père. Chemin faisant, il l'assura que des factionnaires vigilans et déterminés avaient été stationnés à tous les endroits par où il serait possible de sortir de la maison, et qu'il ferait bien de persuader à son père de rester tranquillement prisonnier pendant quelques heures.

Julien ne lui répondit rien, et le major se retira, le laissant avec son père et Hudson. Tout ce qu'il put répondre à leurs questions fut qu'il craignait qu'ils n'eussent donné dans un piège, puisqu'il se trouvait dans la maison au moins deux cents fanatiques complètement armés, et paraissant disposés à quelque entreprise désespérée. Étant eux-mêmes sans armes, ils ne pouvaient recourir à la force ouverte, et, quelque fâcheux qu'il pût être de rester dans une telle situation, la fermeture solide de la porte et des verrous rendait presque impossible toute tentative pour s'évader secrètement, sans courir le risque de se voir découverts.

Le vaillant nain était le seul qui conservât encore quelque espoir, et il s'efforçait de le faire partager à ses compagnons d'affliction. — La belle, dont les yeux étaient semblables aux astres, fils jumeaux de Léda, dit-il, car le petit homme était un grand admirateur du style élevé, ne l'avait pas invité, lui, le plus dévoué et non le moins favorisé peut-être de ses serviteurs, à entrer dans cette maison comme dans un port, pour l'exposer à y faire naufrage; et il assura généreusement ses amis que sa sûreté garantirait la leur.

Sir Geoffrey Peveril, peu consolé par cette promesse, exprima son désespoir de ne pouvoir aller jusqu'à Whiteball, où il se flattait qu'il aurait trouvé assez de braves Cavaliers pour étouffer cet essaim de guêpes dans leur guêpier, tandis que Julien pensait que le meilleur service qu'il pourrait rendre à Bridgenorth serait de découvrir son complot pendant qu'il en était encore temps, et de le faire avertir en même temps de mettre sa personne en sûreté.

Nous allons maintenant les laisser méditer sur leurs plans à loisir. Ils dépendaient de leur évasion préalable du lieu où ils étaient retenus, et par conséquent il n'y avait guère d'apparence qu'ils pussent être exécutés.

CHAPITRE XLIV.

> « Chacun d'eux à son tour fit le saut périlleux :
> « Ceux-ci pour se sauver, ceux-là croyant des cieux
> » Reconnaître le signe et la voix protectrice ;
> » Les uns pour s'avancer, d'autres par avarice ;
> « Par boutade ou gaîté j'en fis moi-même autant. »
>
> SHAKSPEARE. *Le Songe d'une nuit d'été.*

Après avoir eu une conversation particulière avec Bridgenorth, Christian courut à l'hôtel du duc de Buckingham en choisissant le chemin le plus propre à éviter la rencontre d'aucune personne de sa connaissance. On le fit entrer dans l'appartement du duc, qu'il trouva mangeant des noisettes et vidant un flacon d'excellent vin blanc.

— Christian, dit le duc, venez m'aider à rire. J'ai mordu sir Charles Sedley, je lui ai gagné mille guinées, de par tous les dieux !

— Je vous félicite de votre bonne fortune, milord, mais je viens pour affaires sérieuses.

— Sérieuses ! ma foi, je crois que, pendant tout le reste de ma vie, je ne pourrai plus garder mon sérieux. Ah ! ah ! ah ! bonne fortune ! Ce n'est pas cela, c'est mon génie, une idée excellente, pas autre chose. Si ce n'était que je ne me soucie pas de faire un affront à la fortune, je pourrais lui dire en face, comme l'ancien général grec : — Tu n'as eu aucune part à ce succès. Vous savez, Ned Christian, que la mère Cresswell est morte.

— Oui, milord : j'ai appris que le Diable s'est emparé de ce qui lui appartenait.

— Fort bien ! vous êtes un ingrat, car je sais qu'elle vous a obligé comme beaucoup d'autres. De par saint Georges ! c'était une vieille dame très-obligeante et très-secourable ; et, pour qu'elle ne dorme pas sans honneur dans sa tombe, j'ai parié, — vous m'écoutez ? — j'ai parié avec Sedley que j'écrirais son oraison funèbre ; que chaque mot en serait à son éloge ; qu'elle ne contiendrait rien qui ne fût vrai ; et que cependant le diocésain ne pourrait pincer Quodling, mon petit chapelain, qui la prononcerait.

— Je vois parfaitement la difficulté, milord, dit Christian qui savait que, s'il voulait captiver l'attention de ce seigneur frivole, il fallait qu'il le laissât d'abord épuiser le sujet, quel qu'il fût, qui s'était mis en possession de sa glande pinéale (1).

— Eh bien ! continua le duc, j'ai fait dire à mon pe-

---

(1) Petit corps du cerveau où quelques physiologistes métaphysiciens placent le siège de l'ame. — Éd.

tit Quodling que, malgré les mauvais bruits qu'on avait fait courir pendant la vie de la digne matrone dont on venait de rendre les restes à la terre, l'envie même ne pouvait nier qu'elle ne fût bien née, qu'elle ne se fût bien mariée, qu'elle n'eût bien vécu, et qu'elle ne fût bien morte, puisqu'elle était née à Shadwell, s'était mariée à Cresswell, avait vécu à Camberwell, et était morte à Bridewell (1). C'était toute l'oraison funèbre, et avec elle se terminèrent les espérances ambitieuses de Sedley d'être plus malin que Buckingham. Ah! ah! ah! mais à présent, M. Christian, quels ordres avez-vous à me donner aujourd'hui.

— D'abord je dois remercier Votre Seigneurie d'avoir procuré à votre ami, à votre serviteur, la compagnie d'un homme aussi formidable que le colonel Blood. Sur ma foi, il prenait tant d'intérêt à mon départ de Londres, qu'il voulait me forcer à l'accélérer à la pointe de l'épée, de sorte que je fus obligé de lui tirer quelques gouttes de mauvais sang. Les braves de Votre Grace ont eu du malheur depuis quelque temps, et cela est fort désagréable, puisque vous avez toujours soin de choisir les meilleurs bras et les ames les moins scrupuleuses.

— Allons, allons, Christian, ne prenez pas ce ton de triomphe avec moi. Un grand homme, si je puis me donner ce titre, n'est jamais plus grand que lorsque ses plans sont déjoués. Je ne vous ai préparé ce tour que

(1) Il y a ici un jeu de mots qu'il est impossible de faire passer en français. Il roule sur le mot *well* qui signifie *bien*. C'est comme si l'on disait en français : Cette femme a fait une belle alliance, car elle s'est mariée à Bellevue ; elle a fait une belle fin, car elle est morte à Belleville, etc. — Éd.

pour vous donner une idée salutaire de l'intérêt que je prends à tous vos mouvemens. Le drôle a osé tirer l'épée contre vous ! C'est ce que je ne lui pardonnerai jamais. Quoi ! attaquer les jours de mon ancien ami Christian ?

— Et pourquoi non ? répondit Christian d'un ton calme, si votre ancien ami est assez entêté pour ne pas vouloir sortir de Londres quand Votre Grace le désire, dans le dessein honnête d'amuser ma nièce chez vous en mon absence ?

— Quoi ! comment ! que voulez-vous dire ? Amuser votre nièce chez moi ! c'était un personnage bien audessus de mes humbles intentions. Elle était destinée, s'il m'en souvient bien, à un poste plus élevé, à la faveur du roi.

— Elle a pourtant habité le couvent de Votre Grace deux jours ou environ. Heureusement le père confesseur était absent, et comme on a escaladé plus d'un couvent depuis quelque temps, quand il est revenu, l'oiseau était envolé.

— Christian, tu es un vieux renard : je vois qu'on ne peut jouer au plus fin avec toi. C'est donc toi qui m'as dérobé ma jolie prise ; mais tu m'as laissé en place une nymphe qui me plaisait bien davantage, et si elle ne s'était fait des ailes pour m'échapper, je l'aurais mise dans une cage d'or. Ne crains rien, Christian, je te pardonne ; je te pardonne de bon cœur.

— Votre Grace est dans une humeur miséricordieuse, d'autant plus que c'est moi qui ai été injurié ; et, comme le dit le sage, celui qui fait l'injure est moins disposé au pardon que celui qui la reçoit.

— C'est vrai, Christian, c'est vrai ; et il y a quelque

chose de nouveau dans ce que tu dis, quelque chose qui place ma clémence sous un point de vue frappant. Eh bien! l'homme pardonné, quand reverrai-je ma princesse de Mauritanie?

— Quand je serai certain qu'un quolibet, une gageure ou une oraison funèbre ne la banniront pas de votre mémoire.

— Elle y resterait mieux gravée que tous les traits d'esprit de South et d'Etherege, s'écria le duc avec vivacité, pour ne rien dire des miens.

— Cependant, pour la laisser de côté un instant, un instant bien court; car je vous promets qu'en temps convenable Votre Grâce la reverra, et verra en elle la femme la plus extraordinaire que ce siècle ait produite. Mais, pour la laisser de côté, comme je vous le dis, un instant, avez-vous reçu des nouvelles récentes de la santé de la duchesse votre épouse?

— De sa santé! mais..... non....., rien de particulier. Elle a été fort mal, mais.....

— Mais elle ne l'est plus maintenant; puisqu'elle est morte, il y a quarante-huit heures, dans le comté d'York.

— Il faut que tu aies fait un pacte avec le diable! s'écria le duc.

— Cela conviendrait mal à un homme qui porte mon nom, répondit Christian (1); mais dans le court intervalle écoulé depuis cette nouvelle, que le public ne connaît pas encore, vous avez, je crois, fait une demande au roi pour obtenir la main de lady Anna, se-

---

(1) Nous rappelons aux lecteurs que *Christian*, en anglais, signifie *chrétien*. — Éd.

conde fille du duc d'York, et Votre Grace a essuyé un refus.

— Mort et furie! s'écria le duc en s'élançant sur Christian, et en le saisissant par le collet de son habit! qui t'a dit cela, misérable?

— Lâchez mon habit, milord, et je vous répondrai. J'ai un vieux levain d'humeur puritaine, et je n'aime pas l'imposition des mains. Lâchez-moi, vous dis-je, ou je saurai trouver le moyen de vous y forcer.

Le duc avait la main droite sur son poignard, tandis qu'il tenait de la gauche le collet de Christian. Il le lâcha pourtant, mais lentement, et en homme qui suspend l'exécution d'un dessein formé à la hâte, mais sans y renoncer. Christian, rajustant son habit avec le plus grand calme, lui dit: — Fort bien; mon habit étant dégagé, nous pouvons parler sur le pied de l'égalité. Je ne viens pas pour insulter Votre Grace, mais pour lui offrir les moyens de se venger de l'insulte qu'elle a reçue.

— La vengeance! s'écria le duc, c'est ce qu'on peut me présenter de plus précieux dans la situation d'esprit où je me trouve; j'ai faim et soif de vengeance; je mourrais pour me venger. Mort de ma vie! continua-t-il en donnant les signes de l'agitation la plus violente, j'ai cherché à bannir ce refus de mon esprit par mille folies, parce que je croyais que personne n'en était instruit, et le voilà connu! connu de l'égout des secrets de la cour, de Ned Christian! Parle, homme d'astuce et d'intrigue, de qui me promets-tu de me venger? Parle, et si ta réponse est d'accord avec mes désirs, je ferai un pacte avec toi aussi volontiers qu'avec Satan lui-même, qui est ton maître.

— Je ne serai pas aussi déraisonnable dans mes demandes que le fut, à ce qu'on nous conte, le vieil apostat. J'offrirai à Votre Grace, comme il pourrait le faire, la félicité temporelle et la vengeance, monnaie dont il se sert souvent pour gagner des recrues. Quant à votre salut futur, je vous laisse le maître d'y pourvoir comme bon vous semblera.

Le duc fixa sur lui un regard mélancolique. — Plût à Dieu, Christian, dit-il, que je pusse lire dans tes traits quels diaboliques projets de scélératesse tu as à me proposer, sans te mettre dans la nécessité de parler !

— Votre Grace n'a qu'à essayer, répondit Christian en souriant d'un air calme.

— Non, dit le duc après l'avoir encore regardé pendant une minute. — Tu as un masque si épais d'hypocrisie, que tes traits ignobles pourraient cacher un crime de haute trahison aussi aisément qu'un vol, qu'un larcin, et tout autre délit plus convenable à ta basse condition.

— Haute trahison, milord ! Ma foi vous êtes arrivé plus près du but que vous ne le pensiez. J'honore la pénétration de Votre Grace.

— Haute trahison ! répéta le duc; qui ose nommer un tel crime en ma présence?

— Si le mot vous fait peur, milord, vous pouvez y substituer celui de vengeance. Vengeance contre la cabale de conseillers qui vous ont supplanté en dépit de tout votre esprit et de votre crédit auprès du roi. Vengeance contre Arlington, contre Ormond, contre Charles lui-même.

— Non, de par le ciel ! s'écria Buckingham en marchant à grands pas dans son appartement. Vengeance contre ces rats du conseil privé, et n'importe comme elle arrive! Mais contre le roi! jamais! jamais! Je lui ai fait cent provocations pour une; je l'ai contrecarré dans des intrigues d'État; j'ai été son rival en amour; je l'ai battu des deux côtés, et, de par le diable! il m'a pardonné. Quand la trahison pourrait m'élever au trône en sa place, rien ne saurait me justifier; ce serait une ingratitude infâme.

— C'est parler noblement, milord, et d'une manière digne des obligations que vous avez à Charles Stuart et de la reconnaissance que vous avez toujours montrée. Mais qu'importe? Si Votre Grace ne veut pas se mettre à la tête de notre entreprise, il y a Shaftesbury, il y a Monmouth.

— Misérable! s'écria le duc avec une agitation toujours croissante, crois-tu donc aller faire à d'autres des propositions que je refuse? Non, de par tous les dieux du paganisme et du christianisme! Écoute-moi bien, Christian, je vais te faire arrêter à l'instant même, te conduire à Whitehall, et il faudra bien que tu y dévoiles tes intrigues.

— Et les premiers mots que j'y prononcerai, répondit l'imperturbable Christian, seront pour informer le conseil privé en quel endroit il pourra trouver certaines lettres dont Votre Grace a honoré son pauvre vassal, et qui contiennent des détails que Sa Majesté lira, je crois, avec plus de surprise que de.....

— Par la mort! scélérat, s'écria le duc en portant de nouveau la main sur son poignard; tu me tiens dans tes filets, et je ne sais pourquoi je ne te poignarde pas à l'instant.

— Je puis succomber, milord, dit Christian en rougissant légèrement et en mettant la main droite dans son sein, mais je ne mourrai pas sans vengeance; car je ne me suis pas exposé au danger sans quelques moyens de défense. Je puis succomber; mais, hélas! la correspondance de Votre Grace est entre des mains qui, en ce cas, ne manqueraient pas d'activité pour la faire passer entre celles du roi et du conseil privé. Que dites-vous de la princesse de Mauritanie, milord? Que direz-vous si je l'ai constituée exécutrice de mes dernières volontés, en lui laissant des instructions sur ce qu'elle avait à faire si je ne revenais pas sain et sauf de chez vous? Je savais qu'en venant ici je mettais ma tête dans la gueule du loup; mais je n'ai pas été assez oison pour ne pas disposer une batterie de carabines qui fera feu sur lui dès qu'il aura serré les mâchoires. Allons donc, milord, vous avez affaire à un homme qui ne manque ni de courage ni de bon sens, et vous lui parlez comme à un lâche et à un enfant.

Le duc se jeta dans un fauteuil, baissa les yeux vers le plancher, et dit sans les relever : — Je vais appeler Jerningham; mais ne craignez rien, ce n'est que pour un verre de vin. La drogue qui est sur cette table est bonne pour faire passer des noisettes et des noix, mais elle ne suffit pas pour un entretien comme le vôtre. Apporte-moi du champagne, dit-il à Jerningham qui parut à l'instant même où son maître l'appela.

Jerningham revint sur-le-champ, et apporta un flacon de champagne et deux grands gobelets d'argent. Il en remplit un, le présenta au duc, qui, contre l'étiquette d'usage, était toujours servi le premier chez lui, et offrit ensuite le second à Christian, qui le refusa.

Buckingham vida le grand gobelet qui lui avait été

présenté, se couvrit un instant le front avec la main, et la retirant tout à coup : — Christian, dit-il, expliquez-vous clairement. Nous nous connaissons l'un et l'autre. Si ma réputation est jusqu'à un certain point à votre discrétion, votre vie est à la mienne. Et à ces mots il tira de son sein un pistolet, et le plaça sur la table. Asseyez-vous, et faites-moi comprendre vos projets.

— Milord, dit Christian en regardant le pistolet avec un sourire, je n'appellerai point à mon aide en ce moment un pareil argument, quoiqu'il fût possible qu'au besoin vous vissiez que je n'en suis pas dépourvu; mais ma défense est dans la situation même des choses, et dans la manière calme dont Votre Majesté les envisagera.

— Ma Majesté! s'écria le duc; mon ami Christian, vous avez si long-temps fait société avec les puritains, que vous confondez les titres en usage à la cour.

— Je ne sais comment m'excuser, milord, répondit Christian, à moins que Votre Grace ne suppose que j'ai le don de prophétie.

— Prophétie semblable à celle que le diable fit à Macbeth, dit Buckingham. A ces mots, le duc fit encore quelques tours dans la chambre, reprit un siège, et ajouta : — Parlez clairement, Christian ; répondez-moi en homme et sans tergiverser. Quels sont vos projets?

— Mes projets! Quels projets puis-je avoir? Je ne puis rien dans une telle affaire. Mais j'ai cru devoir informer Votre Grace que les saints de cette ville (et il prononça ce mot avec une sorte de grimace ironique) sont las de rester dans l'inaction, et ont besoin de faire quelque chose. Mon frère Bridgenorth est à la tête de toute la congrégation du vieux Weiver; car il faut que vous sachiez qu'après avoir long-temps vacillé d'une foi à l'autre, il a maintenant passé toutes les bornes, et qu'il est devenu un homme de la Cinquième Monarchie. Il a en ce moment environ deux cents hommes de la congrégation de Weiver, bien armés et équipés, et prêts à tomber sur Whitehall; et, avec un peu d'aide de votre part, je ne doute pas qu'ils n'emportent le palais et qu'ils ne fassent prisonniers tous ceux qui s'y trouvent.

— Misérable! et c'est à un pair d'Angleterre que vous osez faire cette proposition?

— Entendez-moi bien, milord. Je conviens que ce serait le comble de la folie que de vous montrer avant que le coup ait réussi. Mais permettez-moi de dire un mot de votre part à Blood et aux autres. Il y a aussi les quatre congrégations allemandes, les Knipperdolings, les Anabaptistes, qui nous seront d'une grande utilité. Ensuite, milord, vous êtes instruit, et vous savez quelle est la valeur d'un corps de gladiateurs domestiques qu'un homme entretient auprès de sa personne : vous le savez aussi bien qu'Octave, Lépide et Antoine, qui se partagèrent le monde par le moyen de pareilles forces.

— Un moment, s'il vous plaît; quand même je permettrais à ces limiers de se joindre à vous, ce que je ne ferais qu'avec l'assurance la plus positive de la sûreté personnelle du roi; mais, en le supposant, dis-je, quel espoir auriez-vous d'emporter le palais?

— Bully Tom Armstrong, milord, a promis son crédit près des gardes-du-corps. D'ailleurs nous avons les troupes légères de lord Shaftesbury dans la Cité; trente mille hommes prêts à se déclarer, s'il lève seulement un doigt.

— Qu'il lève les deux mains, et s'il en trouve seulement cent par doigt, ce sera plus que je n'en attends. Vous ne lui avez point parlé?

— Non sûrement, milord; j'attends le bon plaisir de Votre Grace. Mais si nous n'avons pas recours à lui, nous avons la congrégation hollandaise, — celle d'Hans Snorehout dans le Strand, — les protestans français de Piccadilly, — la famille de Levi de Lewkenor-Lane, — les Muggletoniens dans Thames-Street.

— Fi! fi donc! au loin de tels complices! On ne sentira que le fromage et le tabac quand on en viendra à l'action. Ils neutraliseront tous les parfums de Whitehall. — Épargne-moi ce détail, mon cher Ned, et dis-moi seulement quel sera le total de tes forces odoriférantes.

— Quinze cents hommes bien armés, milord, sans compter la canaille, qui s'insurgera très-certainement. Elle a déjà presque mis en pièces les prisonniers acquittés ce matin au sujet de la conspiration.

— Je vous comprends maintenant. Mais écoutez-moi, très-chrétien Christian. A ces mots, le duc avança son fauteuil de manière à le mettre en face de la chaise sur laquelle son agent était assis. Vous m'avez dit bien des choses aujourd'hui. Serai-je aussi communicatif que vous l'avez été? Vous montrerai-je que j'ai des informations aussi exactes que les vôtres? Vous dirai-je, en un mot, pourquoi vous avez résolu de pousser tout le monde, depuis le puritain jusqu'à l'esprit fort, à faire une attaque générale contre le palais de Whitehall, sans me donner, à moi, pair du royaume, le temps de réfléchir à une démarche si désespérée, ou de m'y préparer? Vous dirai-je pourquoi, par séduction ou compulsion, vous voulez m'engager ou me forcer à soutenir votre projet?

— Si vous voulez me faire part de vos conjectures, milord, je vous dirai avec sincérité si vous avez bien deviné.

— La comtesse de Derby est arrivée ce matin à Londres. Elle doit se présenter ce soir à la cour ; elle a l'espoir d'y être parfaitement accueillie. Il est possible qu'elle soit surprise dans la mêlée. Eh bien! maître Christian, n'ai-je pas raison? Vous qui prétendez m'offrir les plaisirs de la vengeance, vous vous proposez d'en savourer la douceur.

— Je ne me permettrais pas, répondit Christian en souriant à demi, d'offrir un mets à Votre Grace sans le déguster comme pourvoyeur et maître-d'hôtel.

— C'est parler avec franchise. Pars donc sur-le-champ; donne cette bague à Blood, il la connaît, et il sait qu'il doit obéir à celui qui en est porteur. Qu'il rassemble mes gladiateurs, comme tu appelles ingénieusement mes coupe-jarrets. On peut aussi recourir au vieux projet de musique allemande, car je crois que tu as les instrumens prêts. Mais songe bien que j'ignore tout, et qu'il faut qu'on respecte la personne du vieux Rowley. Je ferai dresser des potences et allumer des bûchers partout, si sa perruque noire perd un seul cheveu. Mais ensuite qu'en résultera-t-il? un lord protecteur du royaume. Cromwell a dégoûté de ce titre, il est dépopularisé. Pourquoi pas un lord lieutenant du royaume? Oui. Les patriotes, qui se chargent de venger les injures faites à la nation, et d'éloigner du trône du roi les mauvais conseillers, pour établir le Juste en leur place (c'est bien là le mot, je pense), ne peuvent manquer de faire un bon choix.

— Sans doute, milord, puisqu'il n'existe dans les trois royaumes qu'un seul homme sur qui ce choix puisse tomber.

— Je vous remercie, Christian, et je me fie à vous. Partez; préparez tout, soyez assuré que vos services ne seront pas oubliés. Vous serez placé près de notre personne.

— Vous m'attachez doublement à vous, milord; mais souvenez-vous que, comme on vous épargne toute démarche préliminaire et tous les inconvéniens qui peuvent résulter d'une escarmouche avec la force militaire, il est à propos que vous soyez prêt, au premier mot d'avis, à vous mettre à la tête d'une troupe d'amis et d'alliés honorables, et à vous rendre au palais, où vous serez reçu par les vainqueurs comme leur chef, et par les vaincus comme leur sauveur.

— Je vous comprends, Christian, je vous comprends : je me tiendrai prêt.

— Et pour l'amour du ciel, milord, qu'aucune de ces bluettes qui sont les Dalilas de votre imagination (1) ne vienne vous distraire ce soir, et mettre obstacle à l'exécution de ce grand dessein.

— Me croyez-vous donc fou, Christian ? C'est vous qui perdez le temps ici, quand vous devriez vous occuper des mesures à prendre pour faire réussir un coup si hardi. Mais un instant, Christian, dites-moi donc, avant de partir, quand je reverrai cet être d'air et de feu, cette Péri orientale qui entre dans un appartement

(1) Expression de Dryden. — Éd.

par le trou de la serrure, et qui s'envole par la croisée, cette Houri aux yeux noirs du paradis de Mahomet. Quand la reverrai-je?

— Quand Votre Grace tiendra le bâton de lord lieutenant du royaume, répondit Christian en sortant de l'appartement.

Après qu'il fut parti, Buckingham resta quelques instans plongé dans de profondes réflexions. — Aurais-je dû agir ainsi? se dit-il en raisonnant avec lui-même. Mais avais-je le choix de faire autrement? Ne devrais-je pas courir à la cour à l'instant même, et avertir Charles de la trahison qui se trame contre lui! — Oui, de par le ciel! je le ferai. Jerningham! ici! Ma voiture, avec la célérité d'un éclair. — Je me jetterai à ses pieds, je lui avouerai toutes les folies que j'ai rêvées avec ce Christian. Il me rira au nez et me repoussera. J'ai déjà embrassé ses genoux aujourd'hui, et il m'a répondu d'une manière qui n'était rien moins que flatteuse. Non, être humilié deux fois en un seul jour, c'est trop pour Buckingham.

Après avoir fait ces réflexions, il s'assit devant une table, et fit à la hâte une liste des jeunes gens de qualité et de leurs très-ignobles compagnons, qu'il regardait comme pouvant le reconnaître pour chef, en cas d'émeute populaire. Il la finissait à peine quand Jerningham, apportant à son maître son habit, son chapeau et son épée, vint lui dire que sa voiture était prête.

— Qu'on la fasse rentrer, dit le duc, mais qu'elle soit prête à partir au premier signal. Envoyez chez toutes les personnes dont vous trouverez les noms sur cette liste; faites-leur dire que je suis légèrement indisposé, et que je les invite à une petite collation. Grande diligence surtout, et qu'on n'épargne ni peines, ni argent.

Les préparatifs de la fête furent bientôt faits, et les convives invités, étant la plupart disposés à écouter la voix du plaisir, quoique souvent sourds à celle du devoir, ne tardèrent pas à arriver. Les uns étaient des jeunes gens du plus haut rang; les autres, comme c'est l'usage dans la grande société, étaient des hommes que leur impudence ou leurs talens, leur esprit ou leur amour pour le jeu y faisaient admettre. Le duc de Buckingham était le patron général de cette dernière classe, et la réunion qui eut lieu chez lui en cette occasion fut très-nombreuse.

Le vin, la musique et les jeux de hasard firent, suivant l'usage, la plus grande partie des frais de la fête. Il se mêla pourtant à la conversation beaucoup plus d'esprit que les talens de la génération actuelle n'en pourraient fournir, et elle fut infiniment plus licencieuse que le goût de notre siècle ne le permettrait.

Le duc lui-même prouva l'empire complet qu'il possédait sur lui-même, malgré son caractère versatile, en riant, badinant et plaisantant avec ses amis, tandis que son oreille saisissait avec empressement les sons les plus éloignés, comme pouvant indiquer le commencement d'exécution des projets révolutionnaires de Christian. Il entendit plusieurs fois des bruits qui naissaient et mouraient presqu'en même temps, mais il n'en résulta aucune des conséquences qu'il attendait.

Enfin, et la soirée était déjà avancée, Jerningham annonça M. Chiffinch, venant de la cour, et ce digne personnage entra aussitôt.

— Il est arrivé d'étranges choses, milord, dit-il, et

Sa Majesté désire que vous vous rendiez à l'instant à la cour.

— Vous m'alarmez! dit Buckingham en se levant. J'espère qu'il n'est arrivé nul événement fâcheux, que Sa Majesté se porte bien?

— Parfaitement, et elle désire vous voir sans un instant de délai.

— Cet ordre est un peu subit. Vous voyez que j'ai joyeuse compagnie, Chiffinch; et je ne suis guère en état de me montrer.

— Vous êtes en fort bon. état, milord. D'ailleurs vous savez que Sa Majesté est indulgente.

— C'est la vérité, dit le duc, fort inquiet d'un ordre si soudain, je sais que Sa Majesté est l'indulgence même. Je vais demander ma voiture.

— La mienne est à votre porte, et au service de Votre Grace.

Privé de tout moyen d'évasion, Buckingham prit un verre sur la table, et pria ses amis de rester tant qu'ils trouveraient à s'amuser. Il espérait, leur dit-il, venir les rejoindre presqu'à l'instant, sinon il prendrait congé d'eux avec son toast ordinaire : — Puissent tous ceux de nous qui ne seront pas pendus d'ici là se retrouver ici le premier lundi du mois prochain!

Ce toast avait rapport au caractère de plusieurs de ses convives, mais le duc ne prononça pas ces mots sans faire quelques réflexions sur le destin qui pouvait l'attendre si Christian l'avait trahi. Il prit à la hâte un costume de cour, et monta dans la voiture de Chiffinch pour se rendre à Whitehall.

CHAPITRE XLV.

« C'était fête à la cour. Sous des lambris dorés
» Des coupes de nectar répandaient l'allégresse ;
» Les élégans danseurs déployaient leur souplesse ;
» Le joueur, sur un dé risquant un monceau d'or,
» Riait quand il gagnait, perdant riait encor.
» C'est que l'air de la cour a certaine éloquence
» Qui, bien mieux qu'un sermon, prêche la patience. »

Pourquoi ne venez-vous pas à la cour ?

Dans la soirée du même jour Charles tenait sa cour dans les appartemens de la reine: ouverts pendant une certaine heure aux personnes spécialement invitées, qui n'appartenaient pas à la première classe de leurs sujets, ils le furent sans restriction à la noblesse privilégiée par sa naissance, et aux courtisans qui jouissaient de ces entrées en vertu de leurs charges.

Un des traits du caractère de Charles II, qui le rendit

personnellement populaire et qui retarda jusqu'à un autre règne la chute de sa famille, était qu'il avait banni de sa cour une partie de cette étiquette cérémonieuse qui auparavant environnait les rois. Il connaissait toutes les graces naturelles de sa bonhomie, et il s'y fiait, souvent avec raison, pour effacer de mauvaises impressions produites par des actions qu'il savait que ni la politique ni la morale ne pouvaient justifier.

Pendant la journée on rencontrait souvent le roi dans les promenades, seul, ou n'étant accompagné que d'une ou deux personnes; et l'on connaît sa réponse à son frère qui lui faisait un jour des représentations sur le danger qu'il courait en exposant ainsi sa personne : — Croyez-moi, Jacques, lui dit-il, personne ne m'assassinera pour vous faire roi.

Le même Charles passait fréquemment ses soirées, à moins qu'elles ne fussent destinées à des plaisirs plus secrets, au milieu des personnes qui avaient quelques droits, si légers qu'ils fussent, à se trouver dans le cercle de la cour. Ce fut ce qui arriva le soir dont nous parlons. La reine Catherine, qui avait pris son parti sur les infidélités du roi, avait cessé depuis long-temps de montrer aucun sentiment de jalousie; elle semblait même tellement exempte de cette passion, qu'elle recevait dans son cercle, sans aucun scrupule et même avec bonté, les duchesses de Portsmouth et de Cleveland, et d'autres dames qui, sans avoir été favorites avouées comme celles-ci, avaient cependant la réputation d'avoir régné momentanément sur le cœur volage du prince. Toute contrainte était bannie d'un cercle ainsi composé, et l'on y voyait en même temps, sinon les plus sages, au moins les plus spirituels courtisans qui se soient jamais assemblés autour d'un monarque. Un grand nombre d'entre eux ayant partagé les malheurs, les besoins, les plaisirs et les folies de ce prince pendant son exil, avaient acquis une sorte de licence privilégiée qu'il lui aurait été bien difficile de réprimer, quand même il eût été dans son caractère de le vouloir, lorsqu'il fut arrivé à l'époque de sa prospérité. Mais c'était la dernière des pensées de Charles. Ses manières pleines de dignité le mettaient à l'abri du manque de respect, et il ne voulait d'autre protection contre un excès de familiarité que celle que lui fournissait la vivacité de son esprit.

En cette occasion il était parfaitement disposé à jouir de la scène de plaisir qui avait été préparée. La mort singulière du major Coleby qui avait eu lieu sous ses propres yeux, en proclamant à ses oreilles, comme une cloche qui frappe l'air un instant, la négligence avec laquelle il avait traité un homme ayant tout sacrifié pour son roi, lui fit éprouver une douleur véritable. Mais, dans son opinion du moins, il avait complètement expié cette faute par les peines qu'il s'était données pour intervenir en faveur de sir Geoffrey Peveril et de son fils, dont il regardait la délivrance non-seulement comme une excellente action en elle-même, mais comme effectuée d'une manière très-pardonnable dans la situation difficile où il se trouvait, quoi qu'en pût dire le grave duc d'Ormond. Il sentit même une sorte de satisfaction en apprenant qu'il y avait eu quelques troubles dans les rues de la Cité, et qu'un certain nombre des plus violens fanatiques s'étaient rendus dans leurs conventicules, d'après une convocation soudaine, pour s'enquérir, comme le disaient leurs prédicateurs, sur les causes de la colère du ciel et de la marche rétrograde de la cour de justice, qui avaient soustrait au châtiment mérité de sanguinaires fauteurs de la conspiration des papistes.

Le roi, nous le répétons, semblait entendre ces détails avec plaisir, même quand on lui rappelait le caractère dangereux de ceux qui cherchaient à répandre de tels soupçons. — Quelqu'un m'accusera-t-il à présent de négliger les intérêts de mes amis? disait-il avec une secrète satisfaction ; vous voyez le péril auquel je m'expose, et même le risque que je fais courir à la tranquillité publique pour sauver un homme que j'ai à peine vu depuis vingt ans, sauf le jour où il est venu en ceinturon et bandoulière me baiser la main, comme tant d'autres Cavaliers, après ma restauration. On dit que les rois ont les bras longs, je crois qu'ils n'auraient pas moins besoin d'une longue mémoire, puisqu'on exige d'eux qu'ils aient les yeux ouverts sur quiconque leur a montré de la bonne volonté en criant vive le roi, et qu'ils le récompensent.

— Les drôles sont encore plus déraisonnables, lui répondit Sedley, car il n'en existe pas un qui ne croie avoir droit à la protection de Votre Majesté quand il a pour lui la justice, qu'il ait ou non crié *vive le roi*.

Charles sourit, et s'avança d'un autre côté de ce splendide salon, où se réunissait tout ce qui, d'après le goût du temps, pouvait contribuer à faire passer le temps de la manière la plus agréable.

A l'un des bouts, un groupe de jeunes gens et de jeunes dames écoutaient notre ancienne connaissance Empson, accompagnant sur son flageolet, avec son talent sans égal, une jeune syrène qui, le cœur palpitant de crainte et de plaisir, chantait en présence de toute la cour l'air charmant qui commence ainsi :

> Trop jeune et trop novice encore
> Pour gagner le cœur d'un amant, etc.

L'accent de sa voix était si bien d'accord avec les vers du poète érotique, et avec l'air voluptueux que le célèbre Purcell avait composé pour ces paroles, que les hommes s'assemblaient autour d'elle comme ravis en extase, tandis que la plupart des dames croyaient devoir feindre de ne faire aucune attention aux paroles, ou se retiraient du cercle sans affectation. Au chant succéda un concerto exécuté par des musiciens d'élite, que le roi, dont le goût était incontestable, avait choisis lui-même.

Assis à différentes tables dans le même appartement, les courtisans d'un âge plus mûr sacrifiaient à la fortune et jouaient à divers jeux de hasard à la mode, comme l'hombre, le quadrille, etc. Des monceaux d'or placés devant chaque joueur augmentaient ou diminuaient, suivant que les cartes ou les dés les favorisaient. Un seul coup disposait souvent de plus d'une année du revenu d'un beau domaine. Cette somme aurait été mieux employée à réparer les dommages que l'artillerie de Cromwell avait occasionés aux murs du château ; elle aurait pu même y rouvrir les sources de l'aisance et de l'hospitalité, épuisées pendant la génération précédente par les amendes et les confiscations, et qui couraient alors le risque de se tarir à jamais par suite de l'insouciance et de la prodigalité.

Ailleurs, sous prétexte de regarder le jeu ou d'écouter la musique, d'aimables coquettes et de jeunes courtisans s'occupaient de galanterie avec toute la liberté de ce siècle licencieux, et étaient observés de près par de vieilles douairières et de jeunes femmes disgraciées par la nature, qui voulaient jouir du moins du plaisir d'épier des intrigues qu'elles ne pouvaient partager, et peut-être se préparer la consolation d'en parler.

Le joyeux monarque voltigeait d'une table à l'autre, tantôt échangeant un coup d'œil avec une beauté de la cour, ou une plaisanterie avec un courtisan bel esprit, tantôt battant la mesure en écoutant la musique, quelquefois gagnant ou perdant quelques pièces d'or à la table de jeu dont il se trouvait alors le plus près; se montrant partout le plus aimable des voluptueux, le compagnon le plus enjoué, l'homme de tout l'univers qui aurait le mieux rempli son rôle si la vie n'eût été qu'un banquet continuel, et si elle n'avait eu d'autre but que de jouir du présent et de faire passer le temps le plus agréablement possible.

Mais personne n'est moins exempt que les rois du sort ordinaire de l'humanité, et Seged, roi d'Éthiopie, n'est pas le seul monarque qui ait pu reconnaître combien peu ils peuvent compter sur un jour, sur une heure de sérénité sans nuage. Un chambellan arriva tout à coup pour dire à Leurs Majestés qu'une dame qui ne voulait s'annoncer que comme pairesse d'Angleterre demandait à être admise en leur présence.

— Cela est impossible! s'écria vivement la reine, aucune pairesse n'a droit aux privilèges de son rang sans faire connaître son nom et son titre.

— Je jurerais, dit un seigneur de la cour, que c'est quelque bizarrerie de la duchesse de Newcastle.

Le chambellan qui avait apporté le message dit qu'il

croyait assez que c'était la duchesse elle-même, tant à cause de la singularité de sa demande que parce qu'elle parlait avec un accent étranger.

— Au nom de la folie, s'écria le roi, laissons-la donc entrer ; Sa Grace est une véritable pièce curieuse, une mascarade complète, et sa tête une espèce d'hôpital de Bedlam, car ses idées sont autant de maniaques dont la folie amoureuse et lettrée ne rêve que Minerve, Vénus et les Muses.

— Le bon plaisir de Votre Majesté doit toujours être une loi pour moi, dit la reine ; mais j'espère qu'on ne s'attend pas que j'entretienne une femme si fantasque. La dernière fois qu'elle vint à la cour, — Isabelle, dit-elle en s'adressant alors à une de ses dames d'honneur portugaise, vous n'étiez pas de retour de notre cher pays de Lisbonne, — Sa Grace eut l'assurance de prétendre qu'elle avait le droit de me porter la queue jusque dans mon appartement. Et comme on n'eut aucun égard à cette prétention, que croyez-vous qu'elle fit? Elle déploya une queue si ample, qu'il restait trois mortelles aunes de satin brodé en argent dans l'antichambre, portées par quatre jeunes filles, tandis qu'elle me rendait ses devoirs à l'autre bout du salon. Trente aunes du plus beau satin employées de cette manière par la folie de Sa Grace !

— Et elles étaient, ma foi, charmantes, celles qui portaient cette énorme queue, dit le roi ; jamais on n'en a vu une semblable, si ce n'est celle de la grande comète de 1566. Sedley et Etherege nous ont dit des merveilles de ces demoiselles ; car un avantage de cette nouvelle mode introduite par la duchesse, c'est qu'une femme à laquelle est attachée une pareille queue peut ignorer les petites intrigues de coquetterie de celles qui la portent.

— Dois-je comprendre que le bon plaisir de Votre Majesté est que cette dame soit reçue? demanda le chambellan.

— Sans doute, répondit le roi, c'est-à-dire si elle a réellement droit à cet honneur. Il n'y aurait pas de mal de lui demander son nom, il y a dans le monde d'autres folles que la duchesse de Newcastle. J'irai moi-même dans l'antichambre recevoir votre réponse.

Mais avant que le roi fût arrivé au milieu du salon, le chambellan surprit toute l'assemblée en annonçant un nom qu'on n'avait pas entendu prononcer à la cour depuis bien des années, la comtesse de Derby.

Bien faite, majestueuse, et avancée en âge sans que le poids des années eût courbé sa taille, la noble dame s'avança vers son souverain du même pas qu'elle se serait approchée de son égal. A la vérité on ne voyait dans ses manières rien qui annonçât une hauteur présomptueuse et déplacée en présence du monarque; mais le sentiment intime des injustices qu'elle avait souffertes sous le gouvernement de Charles, et de la supériorité que doit avoir celui qui a reçu une injure sur celui qui la lui a faite, ou au nom duquel on l'a commise, donnait de la dignité à son regard et de la fermeté à sa démarche. Elle était en grand deuil, et sa robe était taillée à la mode du temps qui avait vu son mari périr sur un échafaud, mode à laquelle elle n'avait jamais voulu rien changer pendant près de trente ans écoulés depuis cette époque.

La surprise ne fut pas agréable pour le roi, qui maudit intérieurement la précipitation avec laquelle il avait donné ordre qu'on laissât entrer la dame inconnue sur cette scène de plaisir et de gaieté; mais il vit eu même temps la nécessité de la recevoir d'une manière convenable à son propre caractère et au rang qu'elle occupait dans la cour britannique. Il s'avança donc vers elle, avec l'air d'aisance et de grace qui lui était naturel, et lui dit en français : — Chère comtesse de Derby, puissante reine de Man, notre très-auguste sœur.....

— Parlez anglais, sire, je puis vous demander cette faveur, dit la comtesse. Je suis pairesse d'Angleterre, mère d'un comte anglais, et, hélas! veuve d'un autre. C'est en Angleterre que j'ai passé mes jours si courts de bonheur, et mes longues années de veuvage et de chagrin. La France et son langage ne sont pour moi que les rêves sans intérêt de l'enfance. Je ne connais d'autre langue que celle de mon époux et de mon fils. Permettez-moi, comme veuve et comme mère d'un Derby, de vous rendre ainsi mes hommages.

A ces mots, elle voulut fléchir le genou devant le roi, mais Charles l'en empêcha, l'embrassa sur la joue suivant l'usage, et la conduisit vers la reine, à qui il la présenta lui-même : — Il est bon que Votre Majesté sache, ajouta-t-il, que la comtesse a mis une interdiction sur le français, sur la langue de la galanterie et des complimens. J'espère que Votre Majesté, quoique étrangère aussi, trouvera assez de bon anglais pour assurer la comtesse de Derby que nous la voyons avec grand plaisir à la cour après une absence de tant d'années.

— Je tâcherai du moins de le faire, répondit la reine, sur qui la comtesse avait fait une impression plus favorable que bien des étrangères qu'elle avait coutume de recevoir avec politesse, par complaisance pour le roi.

Charles reprit la parole : — A toute autre dame du même rang, je pourrais demander pourquoi elle a été si long-temps absente de la cour ; mais à la comtesse de Derby, je crains que la seule question que je puisse lui faire ne soit pour savoir à quelle heureuse cause nous devons le plaisir de la revoir.

— Ce n'est pas à une heureuse cause, sire, répondit la comtesse, quoiqu'elle soit urgente.

Ce début parut de mauvais augure au roi ; et dans le fait, depuis l'instant que la comtesse était entrée, il avait prévu quelque explication désagréable : il se hâta donc de chercher à la prévenir.

— Si cette cause, dit-il en donnant à ses traits une expression d'intérêt et de bonté, est de nature à nous mettre à même de vous être utile, nous ne pouvons demander à Votre Seigneurie de nous l'expliquer en ce moment ; mais un mémoire adressé à notre secrétaire d'état, ou directement à nous-même, si vous le préférez, sera pris en considération sur-le-champ, et je n'ai pas besoin d'ajouter, avec intérêt.

La comtesse salua avec un air de dignité, et répondit : — Il est vrai que l'affaire qui m'amène est importante, sire, mais elle est de telle nature, qu'elle n'exigerait que quelques minutes de l'attention que vous pourriez accorder à des objets plus agréables, et elle est si urgente, que je crains de la retarder un seul instant.

— Cette demande est un peu inusitée, dit Charles, mais votre présence ici, comtesse de Derby, n'est pas un événement ordinaire, et mon temps doit être à votre disposition. L'affaire demande-t-elle un entretien particulier ?

— Quant à moi, sire, répondit la comtesse, je puis

m'expliquer en présence de toute la cour, mais peut-être Votre Majesté préférera-t-elle m'entendre devant un ou deux de ses conseillers seulement.

Le roi jeta un coup d'œil autour de lui. — Ormond, dit-il, suivez-nous, et vous aussi, Arlington.

Charles les conduisit dans un cabinet voisin, s'assit, et invita la comtesse à en faire autant.

— Je n'en ai pas besoin, sire, répondit-elle; et après un moment de silence qu'elle employa à s'armer de toute sa force d'ame, elle continua en ces termes :

— Vous avez dit avec raison, sire, que ce n'est pas une cause peu importante qui m'a fait sortir de mon habitation solitaire. On ne m'a pas vue accourir ici quand une partie de la fortune de mon fils, fortune qu'il tenait d'un père mort pour la défense des droits légitimes de Votre Majesté, lui fut arrachée, sous de spécieux prétextes de justice, pour nourrir la cupidité du rebelle Fairfax, et fournir ensuite à la prodigalité de son gendre Buckingham.

— Ces expressions sont beaucoup trop fortes, milady; nous nous rappelons fort bien qu'une peine légale fut encourue par un acte irrégulier de violence, comme l'appellent nos lois et nos cours de justice, quoique personnellement je consente à le nommer avec vous un acte d'honorable vengeance. Mais ce qui peut paraître tel aux yeux de l'honneur est mainte fois nécessairement suivi de conséquences légales fort fâcheuses.

— Je ne parais pas en votre présence, sire, pour me plaindre de l'injustice qu'on a faite à mon fils en le dépouillant d'une partie de ses biens. Je n'en parle que pour vous rappeler la résignation dont j'ai donné des preuves lors de cet événement fâcheux. Je viens aujourd'hui pour racheter l'honneur de la maison de Derby, honneur plus cher pour moi que tous les domaines qui lui ont jamais appartenu.

— Et qui attaque l'honneur de la maison de Derby? sur mon ame, vous m'en apportez la première nouvelle.

— N'a-t-on pas imprimé ici une relation, car c'est le nom qu'on donne à ces tissus de mensonges ; une relation, dis-je, relative à la conspiration des papistes, à cette prétendue conspiration, comme je la nommerai, et dans laquelle on a terni et souillé l'honneur de notre maison? Deux nobles alliés de la maison de Stanley ne courent-ils pas le risque de la vie pour des faits dont je suis la principale accusée?

Charles se tourna vers Ormond et Arlington. — Il me semble, leur dit-il en souriant, que le courage de la comtesse doit nous faire honte. Quelle bouche aurait osé appliquer l'épithète de *prétendue* à l'immaculée conspiration, ou appeler les relations des dignes témoins qui nous ont sauvé des poignards des papistes, *des tissus de mensonges?* Mais, madame, ajouta-t-il, tout en admirant la générosité de votre intention en faveur des deux Peverils, je dois vous apprendre qu'elle est inutile : ils ont été acquittés ce matin.

— Dieu soit loué ! s'écria la comtesse en levant ses mains jointes vers le ciel. A peine ai-je pu dormir depuis que j'ai appris la nouvelle de l'accusation portée contre eux, et je suis venue ici pour me livrer à la justice de Votre Majesté, ou aux préventions de la nation, dans l'espoir que je pourrais sauver la vie de mes nobles et généreux amis, qui ne sont devenus suspects que par suite de leurs liaisons avec moi. Mais est-il bien possible qu'ils soient acquittés ?

— Ils le sont, sur mon honneur, répondit le roi. Je suis surpris que vous ne l'ayez pas appris.

— Je ne suis arrivée qu'hier soir, sire, dit la comtesse, et je suis restée dans une retraite absolue, n'osant faire aucune question qui aurait pu me faire découvrir avant que j'eusse vu Votre Majesté.

— Et maintenant que nous nous sommes vus, dit le roi en lui prenant la main avec bonté; puis-je vous conseiller de retourner dans votre île, à petit bruit, comme vous en êtes venue? Le monde a changé, ma chère comtesse, depuis le temps où nous étions jeunes. Pendant la guerre civile, on se battait avec des sabres et des mousquets; aujourd'hui on se bat avec des actes d'accusation, des sermens, et d'autres armes légales de même espèce. Vous ne connaissez rien à cette guerre. Je sais parfaitement que vous êtes en état de défendre un château-fort, mais je doute que vous connaissiez l'art de parer un acte d'accusation. Cette conspiration a fondu sur nous comme une tempête, et pendant la tempête on ne peut gouverner le navire, il faut se diriger vers le port le plus voisin; et heureux si l'on peut le gagner.

— C'est couardise! s'écria la comtesse avec vivacité. Pardonnez cette expression, sire, ce n'est qu'une femme qui l'a prononcée. Appelez autour de vous vos nobles amis, et soutenez le choc, comme votre noble père. Tout est bien ou mal dans le monde : il n'existe qu'un chemin droit et honorable; et tous les sentiers qui en dévient sont tortueux et indignes d'un homme de bien.

— Votre langage, ma vénérable amie, dit le duc d'Ormond, qui vit la nécessité d'intervenir entre la dignité du souverain et la libre franchise de la comtesse, plus accoutumée à recevoir des marques de respect, qu'à en accorder; votre langage est énergique, mais il ne convient pas aux circonstances actuelles. Le parti que vous proposez pourrait occasioner une nouvelle guerre civile, et tous les maux qui en sont la suite; il serait bien difficile qu'il produisit les effets que vous semblez en attendre avec tant de confiance.

— C'est une témérité, milady, dit Arlington, non-seulement de vous précipiter vous-même au devant du danger, mais de vouloir encore y entraîner Sa Majesté. Permettez-moi de vous dire franchement que, dans ce temps de périls, vous avez eu tort de quitter le château où vous étiez en sûreté, pour courir le risque d'obtenir un logement dans la Tour de Londres.

— Et quand je devrais y placer ma tête sur le billot fatal, comme mon époux à Bolton, s'écria la comtesse, j'y consentirais volontiers plutôt que d'abandonner un ami, un ami surtout que j'ai moi-même envoyé au milieu des dangers, comme le jeune Peveril

— Mais ne vous ai-je pas assuré, ma chère comtesse, dit le roi, que les deux Peverils, le vieux comme le jeune, sont hors de danger? Qui pourrait donc vous engager à vous jeter dans des périls dont vous espéreriez sortir par mon intervention? Il me semble qu'une dame qui a votre bon sens ne doit pas se jeter dans la rivière, uniquement pour donner à ses amis l'embarras et le mérite de l'en retirer.

La comtesse répéta que son intention était d'obtenir justice par le moyen d'un jugement impartial, et les deux conseillers lui donnèrent de nouveau l'avis de repartir promptement pour son petit royaume féodal, et d'y rester tranquillement, dût-elle être accusée de se soustraire à la justice.

Le roi, voyant que cette discussion n'aurait pas de fin, dit à la comtesse en souriant que, s'il la retenait plus long-temps, il craindrait que la reine n'en conçût de la jalousie, et lui offrit la main pour la faire rentrer dans le salon. Il était impossible qu'elle refusât. Elle retourna donc dans les grands appartemens, où il arriva presque au même instant un événement dont il sera rendu compte dans le chapitre suivant.

CHAPITRE XLVI.

—

« Oui, Messieurs, c'est bien moi ; je suis frais et dispos,
» Et j'ai l'œil assez vif, quoique petit de taille.
» Si de ce que j'ai dit vous niez quelques mots,
» Relevez donc ce gant, mon gage de bataille.

Lai du petit Jehan de Saintré.

Lorsque le roi eut reconduit la comtesse de Derby dans les appartemens de parade, il la supplia à voix basse, avant de la quitter, de se laisser guider par de bons conseils, et d'avoir égard à sa sûreté; après quoi il se sépara d'elle, avec un air d'aisance, comme pour partager ses attentions entre ses autres courtisans.

Ils étaient fort occupés en ce moment de l'arrivée de cinq ou six musiciens; l'un desquels, Allemand, spécialement protégé par le duc de Buckingham, était célèbre par son talent sur le violoncelle; mais il avait été retenu quelques instans dans l'antichambre par suite de la lenteur du domestique chargé de son instrument, et qui venait enfin d'arriver en ce moment.

Le domestique plaça la caisse près du musicien, parut charmé d'être débarrassé de ce fardeau, et se retira très-lentement, comme s'il eût été curieux de voir quelle espèce d'instrument pouvait être si lourd. Sa curiosité fut satisfaite, et d'une manière fort extraordinaire; car, tandis que le musicien semblait chercher dans toutes ses poches la clef de la caisse posée contre la muraille, elle s'ouvrit tout à coup, et l'on en vit sortir le nain Geoffrey Hudson.

A la vue de cet être extraordinaire, et si subitement introduit, les dames poussèrent de grands cris en reculant à l'autre extrémité du salon, et les courtisans firent un mouvement de surprise. Le pauvre Allemand, en voyant sortir de la caisse une figure si étrange, fut saisi d'une terreur qui le fit tomber sur le plancher, croyant peut-être que son instrument avait subi cette singulière métamorphose. Il ne tarda pourtant pas à revenir à lui; et, profitant du premier moment de confusion, il se glissa hors de l'appartement, et ses camarades le suivirent de près.

— Hudson! s'écria le roi, je suis charmé de vous voir, mon ancien petit ami, quoique Buckingham, que je soupçonne l'auteur de cette surprise, ne nous ait servi que du réchauffé.

— Votre Majesté daignera-t-elle m'honorer d'un moment d'attention? demanda Hudson.

— Sans contredit, mon ami, répondit le roi. Il nous pleut de tous côtés ce soir d'anciennes connaissances, et nous ne pouvons mieux employer notre loisir qu'à les écouter. C'est une sotte idée qu'à eue Buckingham, dit-il à l'oreille du duc d'Ormond, d'envoyer ici ce pauvre petit bonhomme, surtout le jour même où il a été mis en jugement pour la grande conspiration. Dans tous les cas, il ne vient pas nous demander notre protection, puisqu'il a eu la rare bonne fortune de sortir déchargé de conspiration (1). Je suppose qu'il ne cherche qu'à pêcher quelque petite pension ou largesse.

Le nain, qui connaissait l'étiquette de la cour, mais supportait impatiemment le délai que le roi apportait à l'écouter, était debout au milieu du salon, semblable à un bidet d'Écosse que son ardeur fait trépigner et regimber comme un cheval de bataille. Il remuait son petit chapeau surmonté d'une plume flétrie, en s'inclinant de temps en temps, comme pour demander à être entendu.

— Parlez, mon ami, parlez, dit Charles. Si l'on vous a préparé quelque adresse poétique, dépêchez-vous de la débiter, afin d'avoir le temps de reposer vos petits membres.

— Je n'ai pas de discours poétique à vous adresser, très-puissant souverain, répondit le nain; mais, en simple et loyale prose, j'accuse devant toute cette compagnie le ci-devant noble duc de Buckingham de haute trahison.

— Fort bien! c'est parler en homme. Continuez, dit le roi, persuadé que ce discours n'était qu'une introduction à quelque chose de burlesque ou de spirituel, et n'ayant pas la moindre idée que cette accusation pût être sérieuse.

(1) *Plotfree*, mot consacré du temps. — Éd.

De grands éclats de rire s'élevèrent parmi les courtisans qui avaient entendu le nain, comme parmi ceux qui en étaient trop éloignés pour l'entendre : les uns mis en gaieté par le ton d'emphase et les gestes extravagans du petit champion ; les autres riant d'autant plus fort, qu'ils ne riaient que de confiance, et pour suivre l'exemple qui leur était donné.

— Que signifie donc toute cette gaieté? s'écria le pygmée d'un ton d'indignation. Y a-t-il sujet de rire, quand moi, Geoffrey Hudson, chevalier, j'accuse de haute trahison, devant le roi et les nobles du royaume, Georges Villiers, duc de Buckingham?

— Non certainement, il n'y a pas de quoi rire, dit Charles en tâchant de prendre un air de gravité; mais il y a bien de quoi s'étonner. Allons, plus de grands mots ni de colère. Si c'est une plaisanterie, voyons-en la fin ; sinon, allez au buffet, et prenez un verre de vin pour vous rafraîchir après votre emprisonnement dans cette caisse.

— Je vous dis, sire, reprit Hudson avec un ton d'impatience, mais assez bas pour n'être entendu que du roi, que, si vous passez beaucoup de temps à plaisanter ainsi, vous serez convaincu, par une funeste expérience, de la trahison de Buckingham ; j'affirme à Votre Majesté, que, sous une heure, deux cents fanatiques bien armés arriveront ici pour surprendre la garde.

— Éloignez-vous, mesdames, dit le roi, ou vous en entendrez plus que vous ne le voudriez. Vous savez que les plaisanteries du duc de Buckingham ne sont pas toujours convenables pour les oreilles des dames. D'ailleurs nous avons quelques mots à dire en particulier à notre petit ami. Duc d'Ormond, Arlington, et il désigna encore un ou deux autres seigneurs de sa cour, vous pouvez rester avec nous.

La foule joyeuse des courtisans des deux sexes se retira, et se dispersa dans les autres appartemens; les hommes faisant des conjectures sur la fin probable de cette aventure, et cherchant à deviner, suivant l'expression de Sedley, de quelle plaisanterie la caisse de violoncelle devait enfin accoucher; les femmes admirant et critiquant la parure antique et la collerette richement brodée de la comtesse de Derby, à qui la reine témoignait des égards tout particuliers.

— Maintenant que nous sommes entre amis, dit le roi au nain, au nom du ciel! expliquez-moi ce que tout cela veut dire.

— Trahison, sire, trahison contre Votre Majesté! Tandis que j'étais caserné dans cette caisse, le coquin d'Allemand qui en était chargé me porta dans une certaine chapelle, pour voir, comme je les entendais se le dire entre eux, si tout était prêt. Oui, sire, j'ai été aujourd'hui où jamais violoncelle n'était entré avant, dans un conventicule d'hommes de la Cinquième Monarchie; et, quand ils m'emportèrent, le prédicateur terminait son sermon en disant: Voilà le moment de partir, comme le bélier à la tête du troupeau, pour surprendre Sa Majesté au milieu de sa cour. J'entendais tout à travers les fentes de ma caisse, que le coquin avait mise à terre un instant, pour profiter de cette précieuse doctrine.

— Il serait bien singulier, dit lord Arlington, qu'à travers toute cette bouffonnerie il se trouvât quelque réalité. Nous avons appris que ces hommes égarés ont eu des réunions aujourd'hui, et que cinq congrégations ont observé un jeûne solennel.

— En ce cas, dit le roi, il n'y a pas de doute qu'ils ne soient déterminés à quelque scélératesse.

— Si j'osais énoncer mon avis, sire, dit le duc d'Ormond, ce serait de mander le duc de Buckingham en votre présence. On connaît ses liaisons avec les fanatiques, quoiqu'il cherche à les cacher.

— Vous ne voudriez pas, milord, faire à Sa Grace l'injustice de le traiter en criminel sur une pareille accusation, dit le roi. Cependant, ajouta-t-il après un moment de réflexion, l'inconstance du génie de Buckingham le rend accessible à toutes sortes de tentations. Je ne serais pas surpris qu'il se livrât à des espérances trop ambitieuses; je crois même que nous en avons entendu parler tout récemment. Chiffinch! écoutez-moi. Allez sur-le-champ chez le duc de Buckingham, et amenez-le-moi sous le prétexte que vous pourrez imaginer. Je voudrais lui éviter ce que les hommes de loi appellent un flagrant délit. La cour serait comme morte, si elle n'avait plus Buckingham pour l'animer.

— Votre Majesté n'ordonnera-t-elle pas aux gardes à cheval de monter en selle? demanda le jeune Selby, officier de ce corps.

— Non, Selby, répondit le roi, je n'aime pas cet appareil de chevaux. Cependant qu'ils soient prêts au premier signal; que le grand bailli avertisse ses officiers de police; en cas de tumulte soudain, faites doubler les sentinelles aux portes du palais, et veillez à ce que personne n'y entre.

— Et à ce que personne n'en sorte, dit le duc d'Ormond. Où sont ces coquins d'étrangers qui ont apporté le nain?

On les chercha partout, mais inutilement; ils avaient

fait retraite en abandonnant leurs instrumens; circonstance qui semblait rendre suspect le duc de Buckingham, leur protecteur avoué.

On fit à la hâte quelques préparatifs pour résister aux efforts auxquels pourraient se livrer les conspirateurs s'il en existait, et pendant ce temps le roi, se retirant avec Ormond, Arlington et quelques autres conseillers, dans le cabinet où il avait donné audience à la comtesse de Derby, continua à interroger Geoffrey Hudson, dont la déclaration, quoique singulière, était d'accord dans tous ses points; le style romanesque dont il faisait usage n'était que l'expression particulière de son caractère, qui faisait souvent rire à ses dépens, quand il aurait pu d'ailleurs être plaint et même être estimé.

Il commença d'abord à se faire valoir par le récit des souffrances qu'il avait éprouvées à cause de la conspiration; et l'impatience d'Ormond l'aurait interrompu, si le roi n'eût rappelé au duc que la force de rotation d'une toupie finit par s'épuiser d'elle-même au bout du temps donné, mais que, si on l'entretient par l'application du fouet, elle peut durer des heures entières.

Il fut donc permis au nain d'épuiser tout ce qu'il avait à dire relativement à sa prison, où il assura le roi qu'il n'avait pourtant pas été dépourvu de toute consolation. Une émanation de béatitude, un rayon de lumière, un ange terrestre, une sylphide dont l'œil était aussi brillant que sa démarche était légère, était venue l'y visiter plusieurs fois, et avait fait rentrer dans son cœur le calme et l'espérance.

— Sur ma foi, dit Charles, on est donc mieux à Newgate que je ne le pensais. Qui eût jamais cru que ce petit bonhomme y eût trouvé une femme pour se consoler.

— Je prie Votre Majesté de croire que cette consolation était purement spirituelle, dit le nain d'un ton solennel. Mes sentimens pour cette belle créature n'avaient rien de terrestre: ils étaient presque semblables à la dévotion que nous autres pauvres catholiques nous avons pour les saints. Et, dans le fait, elle semble moins un être de chair et d'os qu'une sylphide du système des Rose-Croix ; étant plus légère, plus svelte, moins grande que les femmes ordinaires, dont la taille offre quelque chose de grossier, qu'elles tiennent sans doute de la race gigantesque et pécheresse des hommes antédiluviens.

— Eh bien, continuez, dit Charles : n'avez-vous pas découvert, après tout, que cette sylphide n'était qu'une simple mortelle, une femme obligeante?

— Qui? s'écria le nain. Moi, sire! Oh! oh! fi!

— Ne soyez pas si scandalisé, mon petit ami, dit le roi, je vous promets que je ne vous soupçonne pas d'être un galant audacieux.

— Le temps s'écoule, dit le duc d'Ormond avec un peu d'impatience en regardant à sa montre. Il y a dix minutes que Chiffinch est parti, et dans dix autres il sera de retour.

— Vous avez raison, répondit Charles avec gravité. Arrivons au fait, Hudson, et voyons quel rapport cette femme peut avoir avec votre arrivée ici d'une manière si extraordinaire.

— Un rapport très-direct, sire, répliqua Hudson. Je l'ai vue deux fois pendant ma détention à Newgate, et je la regarde vraiment comme l'ange gardien veillant à ma vie et à ma sûreté; car, après avoir été acquitté par le jury, comme je me rendais dans la Cité avec deux grands gentilshommes de mes amis qui, de même que moi, s'étaient trouvés dans l'embarras, tandis que nous étions à nous défendre contre une infame canaille qui nous attaquait, et que je venais de prendre possession d'une situation élevée qui me donnait quelque avantage contre le nombre, j'entendis le son d'une voix céleste qui semblait partir d'une croisée derrière moi, et qui me conseillait de me réfugier dans cette maison, mesure que je fis aisément adopter à mes vaillans amis les deux Peverils, qui se sont toujours montrés disposés à suivre mes avis.

— Ce qui prouve en même temps leur sagesse et leur modestie, dit le roi. Mais qu'arriva-t-il ensuite? Soyez bref. Que votre récit ne soit pas plus long que vous, mon petit homme.

— Pendant quelque temps, sire, on aurait dit que je n'étais pas le principal objet d'attention. D'abord le jeune Peveril nous fut enlevé par un homme ayant l'air vénérable, quoiqu'il sentît un peu le puritanisme, portant des bottes de cuir de bœuf, et n'ayant pas de nœud à son épée. Quand M. Julien revint, il nous informa, et nous apprîmes pour la première fois que nous étions au pouvoir d'un corps de fanatiques armés, mûrs pour de funestes attentats, comme dit le poète. Et Votre Majesté remarquera que le père et le fils se livraient presqu'au désespoir, et qu'à compter de ce moment ils n'eurent aucun égard aux assurances que je leur donnais que l'astre que mon devoir m'ordonnait d'honorer brillerait, quand il en serait temps, pour nous donner le signal de notre sûreté. Mais, sire, ce que Votre Majesté aura peine à croire, pour toute réponse à mes exhortations réconfortantes à la confiance, le père s'écria : *Ta! ta! ta!* et le fils, *Bah! bah!* Ce qui prouve combien l'affliction trouble la prudence des hommes, et leur fait oublier les bonnes manières. Cependant ces deux gentilshommes, les Peverils, fortement convaincus de la nécessité de se remettre en liberté, ne fût-ce que pour donner connaissance à votre Majesté de ces menées dangereuses, commencèrent à attaquer la porte de l'appartement : attaque que j'aidai de toute la force qu'il a plu au ciel de me donner, et que m'ont laissée soixante ans. Mais nous ne pouvions pas, comme nous en eûmes malheureusement la preuve, exécuter cette tentative assez silencieusement pour que ceux qui nous gardaient ne nous entendissent pas. Ils entrèrent en grand nombre, et forcèrent mes deux compagnons, la pique et le poignard à la main, à les suivre dans un autre appartement, rompant ainsi notre agréable société. Quant à moi, on m'enferma solitairement dans la même chambre, et je conviendrai que j'éprouvai un certain accablement. Mais plus la misère est grande, comme chante le poète, plus le secours est proche; et une porte d'espérance s'ouvrit tout à coup.

—Au nom du ciel! sire, dit le duc d'Ormond, faites traduire dans la langue du bon sens, par quelques auteurs de romans, l'histoire que nous conte cette pauvre créature, afin que nous puissions y comprendre quelque chose.

Geoffrey Hudson jeta un regard irrité sur le vieux seigneur irlandais, qui ne pouvait modérer son impatience; et, fronçant les sourcils, il lui dit d'un air de dignité, que c'était bien assez, pour une pauvre créature comme lui, d'avoir un duc sur les bras, et que, si le duc de Buckingham ne l'occupait pas entièrement en ce moment, il ne souffrirait pas une pareille insulte de la part du duc d'Ormond.

—Modérez votre valeur, par égard pour nous, et réprimez votre colère, très-puissant sir Geoffrey Hudson, lui dit le roi, et pardonnez au duc d'Ormond, à ma prière. Mais surtout continuez votre histoire.

Geoffrey Hudson mit la main sur sa poitrine, et s'inclina devant le roi, pour indiquer qu'il pouvait obéir à ses ordres sans déroger à sa dignité. Se tournant alors vers Ormond, il fit un geste de la main pour lui annoncer son pardon, accompagné d'un sourire de réconciliation, qui n'était qu'une grimace.

— Je vous expliquerai donc, sire, sous le bon plaisir de Sa Grâce, continua-t-il, qu'en disant qu'une porte d'espérance s'était tout à coup ouverte pour moi, je voulais parler d'une porte cachée sous la tapisserie, et par laquelle je vis arriver cette brillante apparition, c'est-à-dire, brillante et sombre comme une belle nuit sur le continent, où l'azur d'un ciel sans nuage nous couvre d'un voile plus aimable que la clarté éblouissante du jour. Mais je remarque l'impatience de Votre Majesté : c'en est assez. Je suivis mon guide céleste dans un autre appartement, où je vis un singulier mélange d'armes et d'instrumens de musique; parmi ces derniers, je remarquai ce qui m'avait une fois servi d'asile : — un violoncelle. A ma grande surprise, ma protectrice passa derrière l'instrument; et, ouvrant la caisse au moyen d'une légère pression sur un ressort, elle me fit voir qu'elle était remplie de pistolets, de poignards et de munitions, le tout attaché à des bandoulières. — Ces armes, me dit-elle alors, sont destinées à surprendre ce soir l'imprudent Charles dans sa cour. — Votre Majesté me pardonnera si je rapporte ses propres expressions. — Mais, si tu oses en prendre la place, tu peux être le sauveur du roi et du royaume : si tu as quelques craintes, ce sera moi qui risquerai l'aventure. — A Dieu ne plaise, m'écriai-je, que Geoffrey Hudson soit assez lâche pour vous laisser courir un tel risque! Vous ne savez pas comment il faut agir en de telles embuscades, et moi j'y suis habitué : j'ai été caché dans la poche d'un géant; j'ai habité momentanément un pâté. — Entrez donc dans cette caisse, me dit-elle, et ne perdez pas de temps. Cependant, tout en me disposant à lui obéir, je ne nierai pas que je n'éprouvasse quelques frissons involontaires, qui ne sont pas incompatibles avec la valeur. Je lui avouai même que, si la chose était possible, j'aimerais mieux me servir de mes propres jambes pour arriver au palais. Mais elle ne voulut rien écouter, et me répondit à la hâte que je ne pouvais sortir autrement sans être intercepté, et le seul moyen d'arriver sûrement jusqu'à vous, sire, était celui qu'elle m'offrait; qu'alors j'eusse à vous avertir de vous tenir sur vos gardes; qu'il n'en fallait guère davantage, parce que, la mèche une fois éventée, le pétard n'était plus à craindre. Hardi, téméraire même, j'entrai dans la caisse, et dis adieu à la lumière du jour qui commençait alors à disparaître. Avant de m'y placer, mon guide en avait retiré les armes, et les avait jetées dans la cheminée masquée par un grand écran. Tandis qu'elle m'y enfermait, je la conjurai de bien recommander à ceux qui devaient me porter de tenir toujours le manche du violoncelle en haut, afin de ne pas me trouver la tête en bas ; mais, avant que j'eusse pu finir ma requête, je m'aperçus que j'étais seul et dans l'obscurité. Presque au même instant arrivèrent deux ou trois drôles, dont le langage, que je comprenais à peu près, m'apprit qu'ils étaient Allemands, et au service du duc de Buckingham. Je les entendis recevoir de leur chef des instructions sur ce qu'ils devaient faire quand ils auraient pris les armes cachées, et....., car je ne veux pas être injuste envers le duc, je compris qu'ils avaient des ordres précis pour épargner la personne du roi, et même ses courtisans, et pour protéger tous ceux qui pouvaient être à la cour, contre l'irruption des fanatiques. Du reste, ils étaient chargés de désarmer les gentilshommes pensionnaires, dans le corps-de-garde, et de se rendre maîtres du palais.

Le roi parut déconcerté et pensif; après avoir entendu cette narration, il chargea lord Arlington d'ordonner à Selby de visiter secrètement les autres caisses qui avaient été apportées, comme contenant des instrumens. Il fit signe alors au nain de continuer son histoire, et lui demanda plusieurs fois, du ton le plus grave, s'il était bien sûr d'avoir entendu nommer le duc de Buckingham, comme auteur ou complice de cet attentat.

Le nain lui répondit toujours du ton le plus affirmatif.

—C'est porter la plaisanterie un peu loin, dit le roi.

Hudson, reprenant la parole, dit qu'après sa métamorphose, il avait été porté dans la chapelle, où il avait entendu le prédicateur terminer son sermon, comme il l'avait déjà dit. — Nulle expression, ajouta-t-il, ne pourrait peindre mon angoisse quand je crus sentir que celui qui me portait semblait se disposer à renverser l'instrument pour le placer dans un coin ; auquel cas la fragilité humaine aurait bien pu l'emporter sur ma loyauté, ma fidélité, mon amour pour mon roi, et même sur la crainte de la mort que je devais m'attendre à subir si j'étais découvert. Je doute fort qu'il m'eût été possible de retenir mes cris bien long-temps, si je m'étais trouvé placé la tête en bas.

— Et, sur mon ame, je ne vous aurais pas blâmé, dit le roi : si j'eusse été dans une pareille position dans le chêne royal, j'aurais rugi moi-même comme un lion. Est-ce tout ce que vous avez à nous dire sur cette étrange conspiration ?

Sir Geoffrey Hudson ayant répondu qu'il ne savait rien de plus, — Retirez-vous donc, mon petit ami, lui dit le roi ; vos services ne seront pas oubliés. Nous sommes obligé en conscience de fournir à l'avenir une habitation plus spacieuse et plus commode à celui qui, pour nous servir, s'est blotti dans l'étui d'un violon.

— Dans la caisse d'un violoncelle, s'il vous plaît, sire, et non dans l'étui d'un violon, dit le petit homme jaloux de son importance ; quoique, pour le service de Votre Majesté, j'eusse voulu pouvoir me resserrer dans l'étui d'un violon de poche.

— Quelque exploit de ce genre qu'eût pu faire un de nos sujets, dit le roi, vous l'auriez certainement fait, Hudson, nous en sommes certain. Retirez-vous à l'écart, et, quant à présent, songez bien à ne pas dire un mot de cette affaire. Que votre arrivée ici, faites-y bien attention, passe pour une boutade du duc de Buckingham, et qu'il ne soit nullement question de la conspiration.

— Ne conviendrait-il pas de s'assurer de sa personne? demanda le duc d'Ormond quand le nain fut sorti du cabinet.

— Cela est inutile, répondit le roi, je connais le petit coquin depuis long-temps. La fortune, pour en faire un modèle d'absurdité, a enfermé une grande ame dans cette misérable petite boîte. C'est un vrai Don Quichotte, format in-32, pour manier son épée et garder sa parole. On aura soin de lui. Mais, sur mon ame, milord, ce tour de Buckingham n'est-il pas le comble de l'ingratitude et de la perfidie.

— Il n'aurait pu agir ainsi, dit le duc d'Ormond, si Votre Majesté avait eu moins d'indulgence en d'autres occasions.

— Milord ! milord ! s'écria le roi avec quelque impatience, vous êtes l'ennemi connu de Buckingham ; et nous choisirons un conseiller plus impartial. Que pensez-vous de tout ceci, Arlington ?

— Sire, répondit Arlington, je pense que ce que vous venez d'entendre est absolument impossible, à moins que le duc n'ait eu avec Votre Majesté quelque altercation ignorée de nous. Le duc est léger, inconséquent, mais ceci serait une démence complète.

— Il est bien vrai, dit le roi, que la matinée ne s'est pas passée sans nuage entre nous. Il paraît que la duchesse vient de mourir, et Sa Grace, ne voulant pas perdre de temps, a jeté les yeux autour de lui pour chercher les moyens de réparer sa perte, il a eu l'assurance de nous demander notre agrément pour faire sa cour à lady Anna, à notre nièce.

— Et bien certainement Votre Majesté le lui a refusé, dit Arlington.

— Et peut-être d'une manière un peu mortifiante pour son orgueil, répondit le roi.

— Étiez-vous seul, sire, ou cette scène s'est-elle passée devant témoins? demanda le duc d'Ormond.

— Absolument seul, répondit le roi; si ce n'est le petit Chiffinch, et vous savez que ce n'est personne.

— *Hinc illæ lacrymæ!* répliqua Ormond. Je connais parfaitement Sa Grace: si le refus qu'a essuyé son audace ambitieuse n'avait eu aucun témoin, il aurait pu le supporter; mais un tel échec, reçu devant un homme qu'il regardait comme fort capable d'en faire confidence à toute la cour, était un affront dont il a voulu se venger.

Selby arriva en ce moment à la hâte pour annoncer que le duc de Buckingham venait d'arriver.

Le roi se leva: — Qu'on fasse préparer une barque, dit-il, et qu'un détachement d'yeomen se mette sous les armes, dans le cas où il deviendrait nécessaire de l'envoyer à la Tour, comme accusé de haute trahison.

— Ne faudrait-il pas faire préparer un mandat du secrétaire d'état? demanda le duc d'Ormond.

— Non, milord, non, répondit le roi d'un ton sec: j'espère encore que nous pourrons éviter cette extrémité.

CHAPITRE XLVII.

―――

« Le hautain Buckingham devient donc circonspect. »
SHAKSPEARE. *Richard III.*

AVANT de rendre compte à nos lecteurs de l'entrevue qui eut lieu entre le duc de Buckingham et son souverain offensé, nous devons rapporter une ou deux circonstances, d'importance secondaire, qui eurent lieu pendant le court trajet qu'il eut à faire pour se rendre d'York-Place à Whitehall.

En partant, le duc s'efforça d'apprendre du courtisan quelle était la véritable cause qui le faisait mander à la cour si précipitamment. Mais Chiffinch se tint sur ses gardes, et il se contenta de répondre qu'il croyait qu'il était question de quelques divertissemens pour lesquels le roi désirait la présence de Buckingham.

Cette réponse ne satisfit pas le duc complètement ; car, ayant présent à l'esprit son projet téméraire, il ne pouvait s'empêcher de craindre qu'il ne fût découvert. Après un moment de silence, — Chiffinch, dit-il tout à coup, avez-vous parlé à quelqu'un de ce que m'a dit ce matin le roi relativement à lady Anna ?

— Moi, milord, répondit Chiffinch en hésitant, mes devoirs envers le roi, mon respect pour Votre Grace....

— Vous n'en avez donc parlé à personne ? répéta le duc en le regardant fixement.

— A..... à personne, répondit faiblement Chiffinch, intimidé par le regard sévère de Buckingham.

— Vous mentez comme un coquin, s'écria le duc. Vous en avez parlé à Christian.

— Mais, répondit Chiffinch, Votre Grace..... Votre Grace doit se rappeler que je lui avais dit à elle le secret de Christian, que la comtesse de Derby était arrivée.

— Et vous pensez, dit le duc, qu'une trahison doit servir de compensation à l'autre ? Non, non. Il me faut une autre réparation ; et je vous réponds que je vous ferai sauter la cervelle hors du crâne avant de quitter cette voiture, si vous ne me dites la vérité relativement à ce message de la cour.

Tandis que Chiffinch hésitait sur la réponse qu'il avait à faire, un homme qui, à la lueur des torches que portaient toujours, à cette époque, les laquais placés derrière un équipage et les valets de pied, pouvait aisément distinguer le duc et Chiffinch dans la voiture, s'en approcha, en chantant d'une voix forte ce refrain d'une vieille chanson française sur la bataille de Marignan, dans lequel on imite l'allemand francisé des Suisses vaincus.

>Tout est verlore (1),
>La tintelore,
>Tout est verlore,
>Bei Gott (2)!

— Je suis trahi! pensa le duc qui comprit à l'instant que ces vers étaient chantés par un de ses fidèles agens pour l'informer que le complot était découvert.

Il essaya de se précipiter hors de la voiture ; mais Chiffinch le retint d'un bras ferme, quoique avec respect. — Ne vous perdez pas vous-même, milord, lui dit-il avec un air d'humilité. Ma voiture est entourée de soldats et d'officiers de paix chargés d'assurer votre arrivée à Whitehall, et de s'opposer à toute tentative d'évasion. Y avoir recours, ce serait avouer que vous êtes coupable, et je vous conseille fortement de n'en rien faire. Le roi est votre ami ; soyez aussi le vôtre.

— Vous avez raison, dit le duc d'un air sombre après un moment de réflexion ; oui, je crois que vous avez raison. Pourquoi fuirais-je? je ne suis coupable de rien, si ce n'est d'avoir envoyé, pour amuser la cour, de quoi faire un feu d'artifice, au lieu d'un concert de musique.

— Et le nain qui est sorti si inopinément de la caisse du violoncelle?

— C'était le fruit de mon imagination, Chiffinch, répondit le duc, quoique cette circonstance lui fût encore

---

(1) Du mot allemand *verloren*, perdu. — Éd.

(2) De par Dieu. — Éd.

inconnue. Mais, Chiffinch, vous me rendrez un service que je n'oublierai jamais, si vous me permettez d'avoir une minute de conversation avec Christian.

— Avec Christian, milord! où le trouverez-vous? Vous savez qu'il faut que nous allions directement à la cour.

— Je le sais; mais je crois que je ne puis manquer de le rencontrer. Vous n'êtes pas officier de paix, M. Chiffinch; vous n'êtes porteur d'aucun mandat, soit pour me retenir prisonnier, soit pour m'empêcher de parler à qui bon me semble.

— Votre génie est si fertile, milord, vous avez tant de moyens pour vous tirer de mauvaises affaires, que ce ne sera jamais de plein gré que je nuirai à un homme qui a tant de ressources et de popularité.

— Eh bien donc, petit bon homme vit encore, dit le duc. — Il se mit à siffler, et au même instant Christian parut à la porte de l'armurier que nos lecteurs connaissent déjà, et il accourut à la portière de la voiture.

— *Ganz ist verloren* (1), dit le duc.

— Je le sais, répondit Christian, et tous nos saints amis se sont dispersés en apprenant cette nouvelle. Heureusement le colonel et ces coquins d'Allemands ont donné l'éveil à temps. Tout est en sûreté; vous allez à la cour, je vous y suivrai.

— Vous, Christian! ce serait un trait d'amitié plutôt que de sagesse.

— Et pourquoi? Qu'y a-t-il contre moi? Je suis aussi innocent que l'enfant à naître. Il en est de même de Votre Grace. Une seule créature pourrait rendre témoi-

---

(1) Tout est perdu. — Éd.

gnage contre nous, et je me flatte de la faire parler en notre faveur. D'ailleurs, si je n'y allais pas, on m'enverrait chercher dans un instant.

— Il est sans doute question de l'esprit familier dont nous avons déjà parlé?

— Un mot à l'oreille.

— Je vous comprends, et je ne m'arrêterai pas plus long-temps, M. Chiffinch; car il faut que vous sachiez que c'est lui qui est mon conducteur. Eh bien! Chiffinch, en avant! vogue la galère! J'ai fait voile parmi des écueils plus dangereux que ceux qui m'environnent.

— Ce n'est pas à moi d'en juger, milord. Votre Grace est un capitaine plein de hardiesse, et Christian est un pilote qui a l'astuce du diable. Néanmoins je demeure l'humble ami de Votre Grace, et je serai enchanté de vous voir hors d'embarras.

— Donnez-moi donc une preuve de votre amitié, Chiffinch, en me disant ce que vous pouvez savoir de la jolie brune que Christian appelle son esprit familier.

— Je crois que c'est cette danseuse venue chez moi avec Empson, le jour que la nièce de Christian s'en est évadée. Mais vous l'avez vue, milord?

— Moi! quand l'aurais-je vue?

— Je crois que c'est elle dont Christian s'est servi pour mettre sa nièce en liberté, quand il s'est vu forcé à satisfaire son beau-frère en lui rendant sa fille, et étant en outre, à ce que je crois, stimulé par le désir qu'il avait lui-même de jouer un tour à Votre Grace.

—Oh! oh! je m'en doutais! et je ne le tiens pas quitte. Mais avant tout sortons de cet embarras. Ah! cette magicienne était son esprit familier! elle était du complot pour me jouer! Mais nous voici à Whitehall. Chiffinch, souviens-toi que tu es mon ami; et maintenant, Buckingham, montre-toi digne de toi-même.

Mais avant que nous suivions Buckingham en présence du roi, où il avait à jouer un rôle si difficile, il ne sera pas mal à propos de voir ce que devint Christian après sa courte conversation avec le duc.

Après être rentré dans la maison, ce qu'il fit en suivant un passage tortueux qui traversait différentes cours, et qui aboutissait à une porte de derrière donnant sur une allée ténébreuse, il se rendit dans une chambre garnie de nattes, dans laquelle Bridgenorth seul lisait la Bible à la clarté d'une petite lampe de fer, avec un air de parfaite sérénité.

— Avez-vous mis les Peverils en liberté? demanda Christian à la hâte.

— Oui, répondit le major.

— Et quelle garantie avez-vous qu'ils n'iront pas vous dénoncer à Whitehall?

— Ils m'en ont fait la promesse volontaire, quand je leur ai montré que nos amis se dispersaient. Je crois que leur projet est de le faire demain matin.

— Et pourquoi ne le feraient-ils pas ce soir?

— Ils nous donnent ce délai pour pourvoir à notre sûreté.

— Et pourquoi n'en profitez-vous pas? pourquoi êtes-vous encore ici?

— Et pourquoi n'êtes-vous pas vous-même en fuite? A coup sûr vous êtes compromis tout autant que moi.

— Frère Bridgenorth, je suis le renard qui connaît cent ruses pour mettre les chiens en défaut; mais vous êtes le daim qui n'a de ressources qu'en la légèreté de ses jambes. Ne perdez donc pas de temps ; partez pour la campagne, ou plutôt rendez-vous à bord du navire de Zedekiah Fish, *la Bonne-Espérance*, qui est sur la Tamise, prêt à partir pour le Massachussets. Prenez les ailes du matin, et éloignez-vous de l'Angleterre. Vous pouvez arriver à Gravesend avec la marée.

— Et vous laisser, frère Christian, le soin de ma fortune et de ma fille. Non, non, mon frère; il faut avant cela que je retrouve la confiance que j'avais en vous.

— Fais ce que tu voudras, fou soupçonneux, dit Christian, surmontant le désir violent qu'il avait d'employer des termes plus offensans : reste où tu es, et attends qu'on vienne t'y chercher pour te pendre !

— Tout homme doit mourir une fois, Christian; cette sentence est irrévocable. D'ailleurs toute ma vie n'a été qu'une mort prématurée. La cognée du forestier a abattu mes plus beaux rejetons. Celui qui leur survit, s'il fleurit jamais, doit être greffé sur un autre arbre, et bien loin de mon vieux tronc. Si la racine doit être atteinte par la hache, le coup qui la frappera ne peut arriver trop tôt. Je me serais estimé heureux, j'en conviens, si j'eusse été appelé à donner un caractère plus pur à une cour licencieuse, et à détacher le joug sous lequel sont courbés les élus de Dieu. Ce jeune homme aussi, le fils de cette femme rare à qui je dois le dernier lien qui attache encore faiblement à l'humanité mon esprit harassé, combien j'aurais désiré le gagner à la bonne cause ! Mais cette espérance, comme toutes les autres, a disparu pour toujours; et, puisque je ne suis pas digne de servir d'instrument pour ce grand ouvrage, je désire peu de rester plus long-temps dans cette vallée de larmes.

— Adieu donc, fou sans courage, dit Christian, qui,

avec tout son sang-froid, ne put cacher plus long-temps le mépris que lui inspirait le vieux *prédestinatien*, qui se résignait si facilement à la perte de toutes ses espérances.

— Faut-il que le destin m'ait entravé par de tels confédérés! murmura-t-il en quittant son beau-frère. Cet insensé! ce fanatique! il est impossible d'en rien faire à présent. Il faut que j'aille trouver Zarah. C'est elle, elle seule qui peut nous sauver au milieu de ces écueils. Si je puis maîtriser son caractère opiniâtre, et mettre en jeu sa vanité, son adresse, la partialité du roi pour le duc, l'effronterie sans égale de Buckingham, et ma main au gouvernail, nous pouvons encore braver la tempête; mais ce n'est pas le tout d'agir, il faut agir promptement.

Il trouva dans un autre appartement la personne qu'il cherchait; la même qui s'était introduite dans le harem du duc de Buckingham, et qui, ayant fait évader Alice Bridgenorth de l'endroit où elle était retenue, comme nous l'avons dit plus haut, ou plutôt comme nous l'avons donné à entendre, y était restée en sa place. Elle était alors plus simplement vêtue que lorsqu'elle avait bravé le duc par sa présence; mais son costume avait encore quelque chose d'oriental qui s'alliait parfaitement à son teint un peu brun, et à ses yeux pleins de vivacité. Elle tenait un mouchoir sur ses yeux lorsque Christian parut, mais, dès qu'elle l'aperçut, elle l'en retira, jeta sur lui un regard de mépris et d'indignation, et lui demanda pourquoi il se présentait dans un lieu où il n'était ni attendu ni désiré.

— Jolie question d'une esclave à son maître! dit Christian.

— Dites plutôt qu'elle est convenable; que c'est la plus convenable de toutes dans la bouche d'une maîtresse parlant à son esclave. Ne savez-vous pas que vous m'avez rendue maîtresse de votre destin dès l'instant où vous m'avez dévoilé toute votre bassesse? Tant que vous ne m'avez paru que le démon de la vengeance, vous commandiez la terreur, et vous avez réussi. Mais un misérable tel que vous vous êtes montré à mes yeux tout récemment, un fourbe infame inspiré par l'esprit malin, une ame sordide vouée à la perdition, ne peut jamais obtenir que du mépris d'un cœur comme le mien.

— Bravement parlé! dit Christian, et avec l'accent convenable!

— Oui, je puis parler quelquefois. Je puis aussi me taire, et personne ne le sait mieux que vous.

— Vous êtes une enfant gâtée, Zarah, et vous abusez de mon indulgence pour vous livrer à votre humeur fantasque. Votre esprit s'est dérangé depuis votre arrivée en Angleterre, et tout cela pour l'amour d'un jeune homme qui ne se soucie pas plus de vous que de la dernière des coureuses de rues, parmi lesquelles il vous abandonna pour se faire une querelle pour celle qu'il vous préfère.

— Peu importe, dit Zarah, luttant évidemment contre une vive émotion; peu importe qu'il m'en préfère une autre. Il n'existe personne, non, personne, qui l'ait aimé, qui puisse l'aimer davantage.

— Vous me faites pitié, Zarah, dit Christian avec quelque mépris.

— Je mérite votre pitié, mais vous ne méritez pas que je l'accepte. Qui dois-je remercier de tous mes maux, si ce n'est vous? Vous m'avez élevée dans la soif de la vengeance, avant que je connusse que le bien et le mal étaient autre chose que des mots. Pour mériter vos éloges, pour satisfaire une vanité que vous aviez excitée, j'ai subi pendant des années une pénitence à laquelle mille autres auraient refusé de se soumettre.

— Mille, Zarah! dites cent mille, dites un million. Il n'existe pas sur la terre une créature, n'étant qu'une simple femme, qui eût pu supporter la trentième partie du sacrifice que vous vous êtes imposé.

— Je le crois, dit Zarah avec hauteur; oui, je le crois; j'ai subi une épreuve à laquelle peu de personnes auraient résisté. J'ai renoncé au doux commerce de communication avec ma propre race; j'ai forcé ma langue à ne prononcer que les paroles que j'avais entendues, comme un lâche espion. Voilà ce que j'ai fait pendant des années. Oui, pendant des années, et tout cela pour obtenir vos éloges, dans l'espoir d'assouvir une vengeance inhumaine contre une femme qui, si elle a eu le tort de faire périr mon père, en a été cruellement punie en nourrissant dans son sein un serpent qui avait les dents envenimées de la vipère, s'il n'en avait pas la surdité.

— Bien! fort bien! très-bien! Mais n'avez-vous pas trouvé votre récompense dans mon approbation, dans le sentiment intime de votre dextérité, qui vous a rendue capable de faire ce que l'histoire de votre sexe ne peut citer dans aucune femme; de supporter ce que jamais femme n'a supporté, l'insolence sans y faire attention, l'admiration sans y paraître sensible, les sarcasmes sans daigner y répondre?

— Non pas sans y répondre, dit Zarah avec fierté. La nature n'a-t-elle pas donné à mes sentimens une expression plus forte que la parole? Ceux qui n'auraient eu aucun égard à mes prières et à mes plaintes, ne tremblaient-ils pas en entendant mes sons inarticulés? Cette dame orgueilleuse qui assaisonnait sa charité de brocards qu'elle pensait que je n'entendais pas, n'a-t-elle pas été justement punie, quand tous ses secrets les plus importans passaient entre les mains de son ennemi mortel? Et ce jeune comte, être aussi insignifiant que le panache qui flottait sur son chapeau, et ces dames qui s'amusaient à mes dépens, n'en ai-je pas tiré, n'ai-je pas pu du moins en tirer aisément vengeance? Mais il existe quelqu'un, ajouta-t-elle en levant les yeux vers le ciel, qui ne m'a jamais adressé un sarcasme; un être dont la générosité a traité la pauvre sourde-muette comme si elle eût été sa sœur; qui jamais n'a parlé d'elle que pour l'excuser ou la défendre; et vous me dites que je ne dois pas l'aimer, que c'est une folie de l'aimer! Je serai donc folle, car je l'aimerai jusqu'au dernier instant de ma vie.

— Réfléchissez un moment, fille insensée; insensée sous un rapport seulement, car, sous tous les autres, vous êtes bien au-dessus de tout votre sexe. Songez à la carrière brillante que j'ai ouverte devant vous si vous voulez renoncer à une passion sans espérance. Pensez que vous n'avez qu'à le vouloir pour devenir l'épouse, l'épouse légitime du duc de Buckingham. Avec mes talens, avec votre esprit et votre beauté, avec son amour passionné pour ces avantages, il ne faut qu'un instant pour vous placer au rang des princesses d'Angleterre. Laissez-vous seulement guider par moi. Il est maintenant dans un moment de crise. Il lui faut de grands secours pour le tirer d'affaire; des secours que nous seuls pouvons lui donner. Suivez mes conseils, et le destin lui-même ne pourrait vous empêcher de porter la couronne de duchesse.

— Ah! plutôt une couronne de duvet de chardon, entrelacée de feuilles de la même plante! Je ne connais rien de plus méprisable que ce Buckingham. Je l'ai vu par votre ordre; je l'ai vu, lorsque, pour se conduire en homme, il aurait dû se montrer noble et généreux. Je l'ai mis à l'épreuve, parce que vous l'avez voulu, car je ris des dangers qui font fuir, en rougissant et en frémissant, les pauvres et frêles créatures de mon sexe. Qu'ai-je trouvé en lui? un misérable voluptueux ne sachant ce qu'il doit faire ; dont la passion ressemble au feu de quelques brins de paille, qui brille un instant, produit quelque fumée, mais ne peut ni échauffer ni consumer. Christian, si sa couronne était à mes pieds en ce moment, j'en accepterais une de pain d'épice doré, plutôt que de baisser la main pour la ramasser.

— Vous êtes folle, Zarah, complètement folle, avec tout votre goût et tous vos talens. Mais ne parlons plus de Buckingham. Ne me devez-vous donc rien à moi? à moi qui vous ai délivrée de la tyrannie de votre maître, le faiseur de tours, pour vous placer dans l'aisance et l'abondance?

— Oui, Christian, je vous dois beaucoup. Si je n'avais pas senti combien je vous étais redevable, je vous aurais dénoncé à la fière comtesse, comme j'en ai été tentée plus d'une fois; et elle vous aurait fait attacher à un gibet élevé sur une des tours du château de Rushin, laissant à vos héritiers le soin de se venger des aigles qui auraient tapissé leur aire de vos cheveux et nourri leurs petits de votre chair.

17.

—Je vous remercie d'avoir eu tant d'indulgence pour moi, Zarah.

— J'en ai eu, je vous le dis avec vérité et sincérité, non à cause des services que vous m'aviez rendus, car tout ce que vous avez fait pour moi, vous ne l'avez fait que par égoïsme, et je vous en ai plus que mille fois payé par le dévouement à vos volontés, dont je vous ai donné tant de preuves en m'exposant aux plus grands risques. Mais, jusqu'à une époque bien récente, je respectais votre force d'esprit; l'empire inimitable que vous avez sur vos passions; l'intelligence avec laquelle vous saviez maîtriser tous les autres, depuis le fanatique Bridgenorth jusqu'au débauché Buckingham. C'était en cela que je reconnaissais mon maître.

— Je n'en ai rien perdu, et, avec votre aide, je vous ferai voir les filets les plus forts que les lois de la société civile aient jamais tendus pour limiter la dignité naturelle de l'homme, se briser aussi facilement que des toiles d'araignée.

Elle garda le silence un instant, et continua en ces termes:—Tant qu'un noble motif vous avait enflammé; oui, un noble motif, quoique illégal, car je suis née pour regarder le soleil qui force les pâles filles de l'Europe à baisser les yeux, je vous aurais servi; je vous aurais suivi partout où la vengeance ou l'ambition vous aurait conduit. Mais la soif de la richesse..... et amassée par quels moyens! Qu'ai-je de commun avec cette passion? Ne vouliez-vous pas devenir le vil pourvoyeur du roi, quoiqu'il s'agît d'y sacrifier votre propre nièce? Vous souriez? Souriez donc encore, quand je vous demande si ce n'était pas dans des vues semblables que vous m'aviez ordonné de rester chez Buckingham, après le départ de votre nièce. Souriez à cette question ; et, de par le ciel, je vous frappe droit au cœur. En parlant ainsi elle mit la main à son sein, et laissa voir la garde d'un petit poignard.

— Si je souriais, dit Christian, ce ne serait que de mépris pour une accusation si odieuse. Jeune fille, je ne vous en dirai pas la raison, mais il n'existe pas sur la terre de créature vivante dont j'aie plus à cœur l'honneur et la sûreté. Il est vrai que je désirais vous voir l'épouse de Buckingham ; et avec votre esprit et votre beauté, je ne doutais pas que cet événement n'arrivât.

— Vain flatteur, répondit Zarah, qui parut pourtant un peu calmée par la flatterie qu'elle rejetait, il est bien vrai que vous avez voulu me persuader que ce seraient des offres honorables que me ferait votre Buckingham. Mais comment avez-vous osé vouloir me tromper ainsi, quand le temps, le lieu, les circonstances, devaient vous convaincre de mensonge ? Comment l'osez-vous encore en ce moment, quand vous savez qu'à l'époque dont vous parlez la duchesse vivait encore ?

— Elle vivait, mais elle était sur son lit de mort. Et quant au temps, au lieu, aux circonstances, si votre vertu n'avait eu que de si fragiles appuis, ma chère Zarah, vous n'auriez pu être ce que vous êtes. Je vous connaissais en état de le braver, sans quoi, car vous m'êtes plus chère que vous ne le pensez, je ne vous aurais fait courir aucun risque, ni pour le duc de Buckingham, ni même pour tout le royaume d'Angleterre. Ainsi maintenant voulez-vous suivre mes conseils et m'accompagner ?

Zarah ou Fenella, car nos lecteurs doivent être convaincus depuis long-temps de l'identité de ces deux personnages, baissa les yeux, et garda quelque temps le silence. — Christian, dit-elle enfin d'une voix solennelle, si mes idées du bien et du mal sont confuses et incohérentes, je le dois d'abord à l'ardeur d'un sang que fait encore fermenter le soleil qui me vit naître; ensuite à une enfance passée parmi les charlatans et les jongleurs; enfin, à une jeunesse consacrée à la fraude et à la trahison, et pendant laquelle, suivant exactement la marche que vous m'aviez prescrite, j'entendais tout sans pouvoir communiquer mes idées à personne. Cette dernière cause de mes erreurs, si j'en ai à me reprocher, vient de vous seul, Christian; car ce furent vos intrigues qui me placèrent chez cette dame; ce fut vous qui me dîtes que le plus grand de tous mes devoirs était d'assurer la vengeance de la mort de mon père, et que la nature m'ordonnait de détester et de trahir celle qui me nourrissait et me caressait, quoique ce fût, à la vérité, comme elle aurait nourri et caressé un chien ou tout autre animal muet. Je crois aussi, car je veux vous dire franchement tout ce que je pense, que vous n'auriez pas si facilement découvert votre nièce dans l'enfant dont l'agilité surprenante faisait la fortune d'un jongleur, et que vous ne l'auriez pas si aisément décidée à se séparer de son esclave si vous ne m'aviez vous-même confiée à ses soins pour des raisons que vous connaissiez, et si vous ne vous étiez pas réservé le droit de me réclamer quand bon vous semblerait. Vous n'auriez pu me faire faire un meilleur apprentissage pour me mettre en état de jouer le rôle de muette, auquel vous aviez dessein de me condamner pour toute ma vie.

— Vous êtes injuste envers moi, Zarah : je vous

trouvai capable de remplir, comme personne n'aurait pu le faire, une tâche indispensable pour venger la mort de votre père ; je vous y consacrai, comme j'y consacrai ma propre vie et toutes mes espérances ; et vous regardâtes ce devoir comme inviolable jusqu'à ce que ce fol amour pour un jeune homme qui aime votre cousine......

— Qui..... aime..... ma..... cousine, répéta Zarah, à qui nous continuerons à donner son véritable nom, en prononçant ces mots à voix lente, comme s'ils se fussent échappés l'un après l'autre de sa bouche, et sans qu'elle le sût ; eh bien, soit ! homme pétri d'astuce, je suivrai ta marche encore un peu de temps, bien peu de temps. Mais prends-y bien garde : ne me fatigue pas de remontrances contre les pensées qui sont le trésor secret de mon cœur ; je veux dire mon affection sans espoir pour Julien Peveril, et ne sois pas assez hardi pour me faire servir à l'envelopper dans les filets que tu voudrais tendre autour de lui. Vous et votre duc, vous maudirez amèrement l'heure à laquelle vous m'aurez poussée à bout. Vous pouvez me croire en votre pouvoir ; mais sachez que les serpens de mon climat brûlant ne sont jamais plus à craindre que lorsqu'on les serre dans la main.

- Je me soucie fort peu de ces Peverils : qu'ils soient heureux ou malheureux, je n'en donnerais pas un fétu de paille, à moins qu'ils ne se trouvent placés entre moi et la femme destinée à ma vengeance, cette femme dont les mains sont encore rouges du sang de votre père. Croyez-moi, je puis séparer leur destin du sien, et je vous en expliquerai les moyens. Quant au duc, il passe dans toute la ville pour avoir de l'esprit ; les guerriers admirent son courage; il est pour les courtisans le modèle des graces et de l'élégance, et avec son haut rang et son immense fortune, je ne vois pas pourquoi vous laisseriez échapper l'occasion d'un établissement brillant que je me trouve en position de pouvoir vous procurer.

— Ne m'en parle plus, s'écria Zarah, si tu veux que notre trêve....., car souviens-toi que ce n'est pas une paix; si tu veux, dis-je, que notre trêve dure seulement l'espace d'une heure.

— Et voilà donc, dit Christian faisant un dernier effort pour intéresser la vanité de cet être extraordinaire, voilà celle qui se prétendait supérieure aux passions humaines; qui pouvait voir indifféremment les grands dans leurs salons, les captifs dans leurs cachots, sans prendre part aux plaisirs des uns, sans compatir aux souffrances des autres; et qui s'avançait d'un pas sûr et silencieux vers l'accomplissement de ses plans, sans être arrêtée un seul instant par le spectacle du bonheur ou de l'adversité!

— De mes plans! dit Zarah. Dis donc des tiens, Christian. De ces plans que tu avais formés pour extorquer des prisonniers surpris quelques moyens de les convaincre, de ces plans concertés avec des gens plus puissans que toi, pour pénétrer les secrets des autres, afin d'y rattacher les accusations qui devaient prolonger l'erreur d'un peuple aveugle.

— Mais l'accès que vous aviez obtenu, comme mon agent, vous deviez le faire servir pour opérer un grand changement dans la nation; et quel usage en avez-vous fait? Vous n'avez cherché qu'à le rendre utile à votre folle passion.

— Folle! S'il eût été moins que fou, celui qui en était l'objet, nous serions maintenant l'un et l'autre bien loin des embûches que vous nous aviez préparées à tous deux. Toutes mes mesures étaient prises, et nous aurions déjà dit adieu pour toujours aux rives de la Grande-Bretagne.

— Et ce misérable nain! était-il digne de vous d'abuser cette pauvre créature par des visions flatteuses; de lui faire prendre des drogues somnifères? Est-ce encore moi qui ai fait tout cela?

— C'était l'instrument dont je voulais me servir. Je me rappelais trop bien vos leçons pour agir autrement. Et cependant ne le méprisez pas trop : ce misérable nain, dont j'ai fait mon jouet dans sa prison, cet humble avorton de la nature, je l'accepterais pour époux plutôt que votre Buckingham. Ce pygmée vain et glorieux a un cœur sensible et cette noblesse de sentimens dont un homme doit s'honorer.

— Eh bien! donc, dit Christian, agissez comme bon vous semblera. Mais que, d'après mon exemple, personne ne s'avise de vouloir désormais lier la langue d'une femme, puisqu'il faut l'en indemniser ensuite en lui accordant le privilège de faire toutes ses volontés. Enfin le coursier a secoué la bride, et il faut bien que je le suive, puisque je ne puis le guider.

Nous allons maintenant retourner à la cour du roi Charles, à Whitehall.

CHAPITRE XLVIII.

> « Que te dirai-je, à toi plus cruel qu'un sauvage,
> » Qui viens de me percer du plus sensible outrage ;
> » A qui je confiais mes plus secrets desseins,
> » Mon plus cher conseiller, dont les puissantes mains
> » Auraient en lingots d'or su convertir ton maître ? »
>
> SHAKSPEARE. *Henry V.*

Dans aucune époque de sa vie, pas même dans le péril le plus imminent, la gaieté naturelle de Charles ne parut souffrir une éclipse plus totale que pendant qu'il attendait le retour de Chiffinch et du duc de Buckingham. Son cœur se révoltait à l'idée que l'homme pour lequel il avait eu le plus d'indulgence, qu'il avait choisi pour partager ses heures de loisir et de divertissement, eût pu être capable de tremper dans un complot qui semblait dirigé contre sa liberté et sa vie. Il recommença plus d'une fois à interroger le nain, mais il n'en put tirer que ce que contenait déjà sa première narration. Hudson lui avait décrit en couleurs si fantastiques et si romanesques la femme dont il prétendait avoir reçu la visite dans la prison de Newgate, que le roi ne put s'empêcher de penser que le pauvre homme avait la tête un peu tournée. D'ailleurs, comme on n'avait rien trouvé dans le tambour, ni dans les caisses des autres instrumens, il se flattait encore que cette prétendue conspiration n'était qu'une simple plaisanterie, ou une méprise du nain.

Les individus dépêchés pour surveiller les mouvemens de la congrégation de Weiver rapportèrent que tous ceux qui la composaient s'étaient dispersés tranquillement. On apprit en même temps, à la vérité, qu'ils avaient tous des armes, mais ce n'était pas une preuve qu'ils eussent des desseins hostiles, dans un moment où tous les bons protestans se croyaient en danger d'être massacrés à chaque instant; où les chefs de la Cité avaient organisé une milice et alarmé tous les citoyens de Londres par le bruit des projets d'insurrection des catholiques; où enfin, pour nous servir des expressions emphatiques d'un alderman de ce temps, les presbytériens croyaient généralement qu'ils s'éveilleraient un beau matin avec le cou coupé. Qui devait commettre de si terribles exploits ? c'est ce qu'il était plus difficile de dire; mais chacun en admettait la possibilité, puisqu'un juge de paix avait déjà été assassiné. Au milieu d'une terreur panique si universelle, on ne pouvait donc conclure de ce qu'une congrégation de protestans par excellence, la plupart anciens militaires, s'étaient réunis en armes dans le lieu destiné à l'exercice de leur culte, on ne pouvait conclure, dis-je, qu'ils eussent conçu des projets hostiles contre l'état.

Les discours violens du ministre, en les supposant bien prouvés, n'étaient pas davantage un indice certain d'un complot prémédité. Les paraboles favorites des prédicateurs, les métaphores qu'ils choisissaient, les ornemens qu'ils y ajoutaient, avaient toujours alors quelque chose de militaire. Prendre d'assaut le royaume des cieux est une forte et belle métaphore quand on l'emploie dans un sens général, comme dans l'Écriture ; mais ils la délayaient dans leurs sermons, en se servant de tous les termes techniques employés pour l'attaque et la défense d'une place fortifiée. En un mot, le danger, quel qu'il pût être dans la réalité, avait disparu aussi soudainement qu'une bulle élevée sur la surface de l'eau, qui éclate dès qu'on y touche, et ne laisse aucune trace.

Tandis qu'on faisait au roi des rapports de ce qui se passait à l'extérieur, et qu'il les discutait avec ses conseillers, un sentiment de mélancolie et d'inquiétude se mêla à la gaieté qui avait présidé au commencement de cette soirée. Chacun s'aperçut qu'il se passait quelque chose d'extraordinaire, et la distance à laquelle Charles se tenait de la compagnie, en ajoutant au sérieux qui commençait à s'y glisser, prouvait que l'esprit du roi était occupé de quelque affaire importante.

Ainsi le jeu fut négligé ; les instrumens de musique gardèrent le silence ou jouèrent sans être écoutés ; les galans cessèrent de faire des complimens, les dames d'en attendre, et une curiosité inquiète se répandit dans tout le cercle. Chacun demandait aux autres pourquoi ils étaient si graves, mais sans en recevoir plus de réponse qu'on n'aurait pu en espérer d'un troupeau de bestiaux à qui l'instinct apprend à craindre l'approche d'un orage.

Pour ajouter à l'appréhension générale, un bruit sourd commença à se répandre que deux ou trois personnes, ayant voulu quitter le palais, avaient été informées que qui que ce soit ne pouvait en sortir avant l'heure qui serait indiquée pour la sortie générale. Et quand elles rentrèrent dans les appartemens, elles annoncèrent à voix basse qu'on avait doublé le nombre des factionnaires à la porte, et qu'un détachement des gardes à cheval était rangé dans la cour : circonstances assez extraordinaires pour redoubler l'inquiétude et la curiosité.

Telle était la situation de la cour quand le bruit d'une voiture se fit entendre, et le mouvement qui eut lieu annonça l'arrivée d'un personnage d'importance.

— Voici Chiffinch, dit le roi, avec sa proie entre ses serres.

C'était en effet le duc de Buckingham, et ce ne fut pas sans émotion qu'il se trouva en présence du roi. En entrant dans la cour, il vit, à la lueur des torches dont la voiture était entourée, briller les uniformes écarlates, les chapeaux galonnés et les sabres nus des gardes à cheval, spectacle inusité, et fait pour porter la terreur dans une conscience qui n'était pas sans reproche.

Le duc descendit de voiture, et se contenta de dire à l'officier de service : — Vous voilà bien tard sous les armes ce soir, capitaine Carleton?

— Tels sont nos ordres, milord, répondit Carleton avec une précision militaire; et il ordonna aux quatre sentinelles à pied qui étaient sous la porte, de faire place au duc de Buckingham. Mais à peine était-il entré, qu'il entendit le même officier donner l'ordre : — A votre poste, sentinelles, occupez la porte et gardez bien le passage. Et il lui sembla que ces mots lui faisaient perdre tout espoir de salut.

En montant le grand escalier, il remarqua qu'on avait pris d'autres précautions qui étaient autant de signes d'alarme. Le nombre des Yeomen de la garde était plus que doublé, et ils portaient la carabine au lieu de la hallebarde. Les gentilshommes-pensionnaires, armés de pertuisanes, étaient aussi en plus grand nombre que de coutume. En un mot, il semblait qu'on avait mis sous les armes à la hâte, et pour quelque motif urgent, toute la maison du roi.

Buckingham jeta un coup d'œil attentif sur tous ces préparatifs de défense, et monta d'un pas lent et ferme, comme s'il eût compté chaque marche sur laquelle il plaçait le pied. — Qui m'assurera de la fidélité de Christian? pensa-t-il : s'il est ferme, nous sommes sauvés; dans le cas contraire....

Comme il posait cette alternative, il entra dans le salon où était le roi.

Le roi était debout au milieu de l'appartement, entouré des conseillers qu'il venait de consulter. Le reste de cette brillante assemblée, divisé en différens groupes, se tenait à quelque distance, et regardait. Chacun observa un grand silence en voyant entrer Buckingham, dans l'espoir de recevoir quelque explication du mystère qui agitait tous les esprits. L'étiquette ne permettant pas d'approcher, on penchait la tête en avant pour tâcher d'entendre quelque chose de ce qui allait se passer entre le roi et le duc intrigant. Au même instant, les conseillers qui étaient près du roi se rangèrent des deux côtés pour permettre à Buckingham de lui rendre ses hommages, selon le cérémonial d'usage. Il accomplit ce cérémonial avec sa grace ordinaire; mais le roi le reçut avec un air grave auquel il n'était pas accoutumé.

— Vous vous êtes fait attendre, milord, dit Charles. Il y a long-temps que Chiffinch est parti pour requérir votre présence ici. Je vois que votre costume est soigné. Cette recherche de toilette n'était pas nécessaire en cette occasion.

— Elle ne pouvait ajouter à la splendeur de la cour de Votre Majesté, répondit le duc; mais elle n'était pas inutile pour moi-même. C'était aujourd'hui jour de gala à York-Place, et mon club de Pendabler était en orgie complète quand l'ordre de Votre Majesté est arrivé. Je ne pouvais avoir été dans la compagnie d'Ogle, de Manidue, de Darson, etc., sans avoir besoin de faire quelques changemens à mon costume et quelques ablutions, avant de me présenter dans ce cercle.

— J'espère que la purification sera complète, dit le roi sans changer de visage, et dont la physionomie était sombre, sévère et même dure quand l'expression n'en était pas adoucie par le sourire qui lui était habituel. Nous désirons demander à Votre Grace ce que signifie cette espèce de mascarade musicale dont il vous a plu de nous régaler, mais qui a échoué, à ce qu'on nous a donné à entendre.

— Il faut vraiment qu'elle ait complètement échoué, dit le duc, puisque Votre Majesté paraît prendre la chose au sérieux. Je croyais divertir Votre Majesté, que j'avais vue quelquefois s'amuser de pareilles aubades, en lui envoyant ce que contenait la caisse de ce violoncelle; mais je vois que la plaisanterie n'a pas réussi. Je crains que les feux d'artifice n'aient fait quelque mal.

— Pas tout le mal qu'ils étaient peut-être destinés à faire, dit le roi d'un ton grave : vous voyez, milord, que nous n'avons pas une échauboulure, et que nous sommes tous bien portans.

— Puisse Votre Majesté l'être long-temps! Cependant je vois qu'il y a dans cette affaire quelque chose que je ne conçois pas; quelque chose qui doit être bien impardonnable, contre mon intention assurément, puisque j'ai encouru le déplaisir d'un maître si indulgent.

— Trop indulgent, Buckingham; et cette indulgence a changé en traitres des sujets loyaux.

— Si Votre Majesté me permet de le lui dire, je ne comprends rien à cela.

— Suivez-nous, milord, et nous tâcherons de nous expliquer mieux.

Accompagné des mêmes seigneurs qui l'entouraient, et suivi de Buckingham, sur qui tous les yeux étaient fixés, Charles retourna dans le même cabinet où avaient déjà été tenues plusieurs consultations pendant cette soirée. Là, croisant les bras, et s'appuyant sur le dossier d'un fauteuil, il commença à interroger le duc.

— Parlons franchement, et répondez-moi avec vérité, Buckingham, dit le roi. Quel était, en un mot, le divertissement que vous nous aviez préparé pour ce soir ?

— Une mascarade, sire; une petite danseuse devait sortir de la caisse du violoncelle, et je croyais que Votre Majesté aurait été satisfaite de ses gambades. Il s'y trouvait aussi quelques feux d'artifice chinois, et pensant que le divertissement aurait lieu dans le salon de marbre, j'avais cru qu'on aurait pu les tirer sans occasioner la moindre alarme, et qu'ils auraient produit un bon effet à l'apparition de ma petite magicienne, qu'ils auraient entourée d'une atmosphère de feu. J'espère qu'il n'y a pas eu de perruques brûlées; point de dames effrayées; point d'espérances de noble lignée déçues, grace à une plaisanterie mal imaginée!

— Nous n'avons pas vu de feux d'artifice, milord; quant à votre danseuse, nous entendons parler d'elle pour la première fois, et c'est sous la forme de notre vieille connaissance Geoffrey Hudson qu'elle a paru. Or, à coup sûr, les jours de danse du petit homme sont passés.

— Votre Majesté me surprend; je la supplie d'envoyer chercher Christian, Édouard Christian, qui demeure dans une grande et vieille maison, dans le Strand, près de la boutique de Shaper, l'armurier. Sur mon honneur, sire, je l'ai chargé de tout l'arrangement de cette plaisanterie, avec d'autant plus de raison, que la petite danseuse lui appartient. S'il a fait quelque chose pour déshonorer mon concert, ou nuire à ma réputation, de par Dieu! il mourra sous le bâton.

— Il est bien singulier, dit le roi, et je l'ai souvent observé, que ce coquin de Christian porte toujours le blâme des fautes des autres. Il joue le rôle qu'on assigne dans une grande maison à ce fameux personnage qu'on dit coupable de tous les accidens, et qu'on nomme Personne. Quand Chiffinch fait une bévue, il en accuse Christian. Quand Sheffield écrit une satire, je suis sûr d'apprendre que Christian l'a corrigée, ou l'a distribuée. C'est l'ame damnée de tout ce qui compose ma cour; le bouc émissaire chargé des iniquités de tous mes courtisans, et il aura une bonne charge à porter dans le désert. Mais, quant aux péchés de Buckingham, il en est le porteur ordinaire et régulier : — je suis convaincu que Sa Grace compte que Christian subira, en ce monde et dans l'autre, tous les châtimens qu'elle peut avoir encourus.

— Pardonnez-moi, sire, répondit le duc avec un air respectueux, je n'ai pas l'espérance d'être pendu ou damné par procuration; mais il est clair que quelqu'un s'est permis de changer quelque chose au projet que j'avais conçu. Si j'ai été accusé près de vous, je demande à entendre l'accusation, et à être confronté à mon accusateur.

— C'est justice, dit Charles; qu'on fasse paraître notre petit ami.

On dérangea un devant de cheminée, et le nain parut à l'instant.

— Voici le duc de Buckingham, lui dit le roi; répétez devant lui l'histoire que vous nous avez contée. Apprenez-lui ce qui était contenu dans la caisse du violoncelle avant qu'on l'eût vidée pour vous y placer. — Ne craignez personne, et dites la vérité hardiment.

— Votre Majesté me permettra de lui faire observer, dit Hudson, que la crainte m'est inconnue.

— Son corps est trop petit pour contenir ce sentiment, dit Buckingham, ou l'étoffe en est trop mince pour valoir la peine de l'inspirer.. Mais, voyons, qu'il parle!

Avant qu'Hudson eût fini son histoire, Buckingham l'interrompit en s'écriant : — Est-il possible que Votre Majesté ait conçu quelques soupçons contre moi sur la parole de cette pauvre variété du genre des babouins?

— Lord déloyal, je t'appelle au combat! s'écria le

petit homme, outré de colère, en s'entendant traiter ainsi.

— L'entendez-vous? dit le duc; le petit homme a absolument le cerveau timbré? Il défie au combat un homme qui ne demanderait d'autre arme qu'une épingle à friser pour le percer de part en part, et qui, d'un coup de pied, l'enverrait de Douvres à Calais, sans barque ni paquebot. Et que pouvez-vous attendre d'un idiot, engoué d'une danseuse qu'on a vue figurer à Gand sur la corde tendue, et dont il veut sans doute unir les talens aux siens pour se faire voir avec elle sur des tréteaux à la foire de Saint-Barthélemy? N'est-il pas clair que, si cette petite créature n'est pas animée par la malignité, comme l'est toute la race des pygmées, dévorée d'une envie invétérée contre tous ceux dont la taille a les proportions ordinaires de l'espèce humaine; en supposant, dis-je, que ce ne soit pas un mensonge fait par malice et de propos délibéré, n'est-il pas clair qu'il a pris des fusées chinoises pour des armes et des munitions? Il ne dit pas qu'il les ait touchées ou maniées lui-même; et, n'ayant jugé que par la vue, je doute que cette créature, vieille et infirme, surtout quand quelque idée bizarre ou quelque prévention absurde s'est logée dans son cerveau, soit en état de distinguer un pistolet d'arçon d'un boudin.

Les horribles clameurs que poussa le pauvre nain quand il entendit dépriser ainsi sa science militaire, la hâte avec laquelle il bégaya le détail de ses exploits belliqueux, les grimaces absurdes qui servirent d'accompagnement à ce récit, ayant provoqué l'hilarité de Charles, et même celle des hommes d'état qui l'entouraient, donnèrent une teinte de ridicule à une scène assez étrange déjà. Le roi y mit fin en ordonnant au nain de se retirer.

Une discusion plus régulière s'entama alors, et Ormond le premier fit remarquer que l'affaire était plus sérieuse qu'on ne l'avait pensé, puisque sir Geoffrey Hudson avait parlé d'une conversation fort extraordinaire, qui annonçait des intentions de trahison, et tenue par les affidés du duc de Buckingham, qui l'avaient apporté dans la caisse au palais.

— Je suis sûr que le duc d'Ormond ne perdra jamais l'occasion de placer un mot en ma faveur, dit Buckingham d'un ton de dédain, mais je le défie, lui et tous mes autres ennemis; et il me sera facile de démontrer que ce prétendu complot, si l'on trouve le plus léger prétexte pour lui donner ce nom, n'est qu'un coup monté pour détourner l'odieux justement attaché à la conspiration des papistes contre les protestans. Voilà un petit être qui, pour ternir l'honneur d'un pair protestant, échappe à la corde qu'il a méritée! Et sur quoi est fondée son accusation? sur une conversation de trois ou quatre musiciens allemands, qu'il a entendue à travers les fentes d'une caisse de violoncelle, quand cet animal y était enfermé, et monté sur les épaules d'un homme! Or, en rapportant cette conversation, le nabot prouve qu'il entend l'allemand comme mon cheval. Mais supposons qu'il ait bien entendu, bien compris, fidèlement rapporté cet entretien, en quoi mon honneur peut-il être compromis par ce que disent des gens de cette espèce, avec lesquels je n'ai jamais eu d'autres rapports que ceux qui étaient relatifs à leur profession? Pardon, sire, si j'ose dire que les hommes d'état qui se sont efforcés d'étouffer la conspiration des papistes par le prétendu complot du tonneau de farine ne se feront guère plus d'honneur par cette fable absurde de violoncelle.

Les conseillers se regardèrent les uns les autres; Charles tourna sur les talons, et se promena à grands pas dans le cabinet.

En ce moment on vint annoncer au roi les deux Peverils qu'il avait fait mander, et il donna ordre qu'on les introduisît en sa présence.

Ils avaient reçu l'ordre du roi dans un moment bien intéressant. Après avoir été mis en liberté par le vieux Bridgenorth de la manière et aux conditions dont le lecteur a pu se faire une idée, d'après la conversation entre le major et Christian, ils étaient arrivés dans l'appartement qu'occupait lady Peveril, qui les reçut avec d'autant plus de joie, qu'elle les attendait avec crainte et inquiétude. Elle avait appris, grace au fidèle Lance-Outram, qu'ils avaient été acquittés; mais leur retard et le bruit parvenu jusqu'à elle des attroupemens tumultueux qui avaient eu lieu dans le Strand et dans Fleet-Street lui avaient causé de vives alarmes.

Quand les premiers transports de joie se furent un peu calmés, lady Peveril, regardant son fils d'un air d'intelligence, comme pour lui recommander d'être prudent, lui dit qu'elle allait maintenant lui présenter la fille d'un ancien ami, qu'il n'avait jamais vue. Elle appuya sur le mot *jamais*. — C'est, ajouta-t-elle, la fille unique du colonel Mitford, du pays de Galles, qui me l'a confiée pour un certain temps, ne se jugeant pas en état de se charger lui-même des soins de son éducation.

— Oui, oui, dit sir Geoffrey, Dick Mitford doit être

vieux maintenant. Il ne doit pas être bien loin d'avoir vu les trois quarts d'un siècle. C'était déjà un coq et non un jeune poulet lorsqu'il joignit le marquis d'Hertford à Namptwich avec deux cents Gallois sauvages. Par Saint-Georges, Julien, j'aime cette jeune fille comme si elle était ma chair et mon sang! Sans elle, lady Peveril n'aurait pu supporter toutes ses afflictions. Et Dick Mitford m'a envoyé mille pièces d'or fort à propos, car il restait à peine quelques pièces à croix dans nos poches pour empêcher le diable d'y danser; et il en fallait pour ce procès d'enfer. Je m'en suis servi sans scrupule, car il y a du bois à couper à Martindale, quand nous y serons de retour, et Mitford sait que j'en aurais fait tout autant pour lui. Il est étrange que ce soit le seul de mes amis qui ait songé que je pouvais avoir besoin de quelques pièces d'or.

Pendant que sir Geoffrey parlait ainsi, Alice Bridgenorth et Julien s'étaient salués, sans que le vieux chevalier y eût fait grande attention. Il s'écria pourtant : — Embrassez-la, Julien, embrassez-la. Comment diable! est-ce ainsi que vous avez appris dans l'île de Man à saluer une dame, comme si ses lèvres étaient un fer à cheval tout rouge? Ne vous en offensez pas, ma charmante princesse : Julien est naturellement un peu timide, et il a été élevé par une vieille dame; mais, avec le temps, vous verrez qu'il est aussi vert galant que vous avez trouvé son père. Et maintenant, lady Peveril, le dîner! le dîner! Il faut que le vieux renard se remplisse la panse, quoiqu'il ait été couru toute la journée par les chiens.

Lance-Outram, dont il fallut ensuite recevoir les félicitations joyeuses, eut le bon esprit de les faire en peu de mots, pour servir plus promptement un dîner simple, mais substantiel, qu'il avait été chercher chez un traiteur voisin. Julien se mit à table, comme un homme enchanté, entre sa mère et sa maîtresse. Il n'eut pas de peine à concevoir alors que lady Peveril était l'amie à qui le major avait confié sa fille, et il n'avait d'inquiétude qu'en songeant à ce que penserait son père quand il connaîtrait le véritable nom d'Alice. Il fut pourtant assez sage pour ne pas souffrir que trop de prévoyance empoisonnât son contentement; il échangea avec elle plusieurs signaux de reconnaissance, sous les yeux de sa mère, qui ne parut pas le trouver mauvais, et sans être vu du vieux baronnet, qui, dans sa gaieté bruyante, parla comme deux, mangea comme quatre, et but comme six. Il aurait peut-être même porté ses prouesses bachiques encore plus loin, si elles n'eussent été interrompues par l'arrivée d'un officier qui lui apportait, de la part du roi, l'ordre de se rendre sur-le-champ à Whitehall, et d'y amener son fils.

Lady Peveril fut alarmée, et Alice pâlit d'inquiétude; mais sir Geoffrey, qui ne voyait jamais que ce qui se trouvait en face de lui, attribua ce message au désir qu'avait Sa Majesté de le féliciter sur l'heureux dénoûment de son procès; intérêt qu'il ne regardait nullement comme extraordinaire, attendu qu'il en avait éprouvé autant pour le roi. La surprise qu'il en ressentit fut même mêlée de joie; car, avant qu'il quittât la cour de justice, on lui avait donné à entendre qu'il ferait bien de repartir pour son château sans se présenter à la cour : restriction qu'il supposait aussi contraire aux sentimens de Sa Majesté qu'elle l'était aux siens.

Tandis qu'il était en consultation avec Lance-Outram sur le moyen de nettoyer à la hâte son ceinturon et la poignée de son épée, lady Peveril trouva un instant pour informer Julien qu'Alice était sous sa protection en vertu de l'autorisation de son père, le major, qui avait donné son consentement à leur union si elle pouvait avoir lieu. Elle ajouta qu'elle avait dessein d'employer la médiation de la comtesse de Derby pour vaincre les obstacles qu'on pouvait avoir à craindre de la part de sir Geoffrey.

CHAPITRE XLIX.

> « — Je parle au nom du roi;
> » Que chacun à l'instant rengaîne son épée. »
> Shéridan, *le Critique*.

Lorsque le père et le fils entrèrent dans le cabinet où nous avons laissé le roi, il était aisé de voir que sir Geoffrey avait obéi à l'ordre qu'il avait reçu, avec la même promptitude qu'il l'aurait fait s'il avait entendu sonner le boute-selle. Ses cheveux gris en désordre et ses vêtemens un peu négligés prouvaient autant d'empressement et de zèle qu'il en avait montré quand Charles Ier le faisait mander pour un conseil de guerre, mais ils n'étaient pas tout-à-fait ce que le décorum pouvait exiger en temps de paix dans les appartemens d'un roi. Il s'arrêta à la porte; mais, dès que Charles lui eut dit d'avancer, il courut à lui avec le même enthousiasme et les mêmes transports qui avaient animé sa jeunesse, se jeta à genoux devant le roi, lui saisit la main, et, sans même essayer de lui parler, versa un torrent de larmes. Charles, dont les sensations étaient vives tant qu'il avait sous les yeux quelque objet capable de lui faire impression, laissa le vieillard se livrer quelques instans à sa sensibilité, et lui dit ensuite : — Mon bon sir Geoffrey, vous avez été mené un peu rudement, nous devons vous en indemniser, et nous trouverons le moment de payer nos dettes.

— Je n'ai rien souffert, sire; vous ne me devez rien. Je me souciais fort peu de ce que les coquins disaient de moi; je savais qu'ils ne pourraient jamais trouver douze honnêtes gens pour croire leurs damnables mensonges. Je les aurais volontiers battus quand ils m'accusaient de trahison envers Votre Majesté, j'en conviens. Mais avoir si promptement l'occasion de rendre mes devoirs à mon roi est une ample indemnité. Les lâches voulaient me persuader de ne pas me présenter à la cour... Ah! ah!

Le duc d'Ormond s'aperçut que le roi rougissait; car, dans le fait, c'était par son ordre qu'on avait fait entendre à sir Geoffrey qu'il ferait bien de retourner chez lui sans paraître à Whitehall; et il croyait d'ailleurs remarquer que le brave chevalier ne s'était pas levé de table le gosier sec, après les fatigues d'une journée si remplie d'événemens. — Mon vieil ami, lui dit-il à l'oreille, vous oubliez que votre fils doit être présenté à Sa Majesté; permettez-moi d'avoir cet honneur.

— Je demande humblement pardon à Votre Grace, répondit sir Geoffrey; mais c'est un honneur que je me réserve, attendu qu'il me semble que personne ne peut bien le dévouer et le consacrer au service de Sa Majesté que le père qui l'a engendré. Avance, Julien, et mets-toi à genoux. Sire, si votre Majesté le permet, voici Julien Peveril, un rejeton du vieux tronc. Le bois est aussi bon, quoique l'arbre ne soit pas tout-à-fait aussi haut. Acceptez ses services, sire : il vous sera fidèle ; il sera à vous *à vendre et à pendre*, comme disent les Français. S'il craint le fer ou le feu, la hache ou la corde, quand il s'agira de servir Votre Majesté, je le renie, ce n'est pas mon fils, je le désavoue, et il peut s'en aller dans l'île de Man, dans l'île des Chiens, ou dans celle du Diable, pour ce que je m'en soucie.

Charles regarda Ormond, et ayant exprimé, avec sa politesse ordinaire, sa parfaite conviction que Julien imiterait la loyauté de ses ancêtres, et spécialement celle de son père, il ajouta qu'il croyait que le duc d'Ormond avait quelque chose à lui dire qui intéresserait son service. Sir Geoffrey fit un salut militaire, et se retira près d'Ormond, qui commença à l'interroger sur les événemens de la journée. Pendant ce temps, Charles, après s'être assuré par quelques questions que le fils n'avait pas sacrifié à Bacchus comme le père, lui demanda un récit exact de tout ce qui lui était arrivé depuis le moment où il avait quitté la cour de justice.

Julien, avec la précision et la clarté qu'exigeait un pareil sujet et la présence de son souverain, fit le récit qui lui était demandé ; et il en était à l'arrivée du major Bridgenorth, quand le roi, qui l'avait entendu avec plaisir, l'interrompit pour dire à Arlington qu'il se félicitait d'entendre enfin la déclaration d'un homme de bon sens sur ces événemens mystérieux. Mais quand il fallut introduire Bridgenorth sur la scène, Julien hésita à lui donner un nom; et s'il parla de la chapelle qu'il avait vue remplie d'hommes armés, et des discours violens du prédicateur, il s'empressa d'ajouter que cependant ces gens s'étaient séparés sans en venir à aucune extrémité, et s'étaient dispersés avant que son père et lui eussent été mis en liberté.

— Et vous allâtes tranquillement dîner dans Fleet-Street, jeune homme, dit le roi d'un ton sévère, sans donner avis à aucun magistrat du conciliabule dangereux qui avait été tenu, à peu de distance de notre palais, par des gens qui ne cachaient pas leurs intentions criminelles?

Julien rougit, et ne répondit rien. Le roi fronça le sourcil, et prit Ormond à part pour lui communiquer cet incident. Le duc lui répondit que le père ne paraissait pas en être instruit.

— Et je suis fâché, dit Charles, d'avoir à dire que le fils paraît moins disposé à dire la vérité que je ne l'avais supposé. Nous avons dans cette singulière affaire des témoins qui ne sont pas moins singuliers : dans le nain, un témoin timbré; dans le père, un témoin ivre; dans le fils, un témoin muet. — Jeune homme, continua-t-il en se rapprochant de Julien, votre conduite n'est pas aussi franche que je l'attendais du fils de votre père. Il faut que je sache quel est cet homme avec qui vous vous êtes entretenu si familièrement : vous devez le connaître.

Julien convint qu'il le connaissait; et, fléchissant un genou devant le roi, il le supplia de lui pardonner s'il ne le nommait pas, attendu que ce n'était qu'à cette condition qu'on lui avait rendu la liberté.

— D'après ce que vous dites vous-même, répondit Charles, cette promesse vous a été extorquée par la force, et elle ne peut être obligatoire. C'est votre devoir de dire la vérité. Si vous craignez le duc de Buckingham, il se retirera.

— Je n'ai aucune raison pour craindre le duc de Buckingham, répondit Julien; si j'ai eu une affaire avec quelqu'un appartenant à sa maison, ce fut la faute de cet homme et non la mienne.

— Eh! eh! s'écria le roi; je commence à voir clair. Il me semblait bien que votre physionomie ne m'était pas inconnue. N'êtes-vous pas le jeune homme que j'ai trouvé chez Chiffinch certain matin? Je n'y avais plus songé depuis; mais à présent je me rappelle que vous m'avez dit alors que vous étiez fils de ce joyeux baronnet dont les cheveux gris couvrent en ce moment au moins trois bouteilles de vin.

— Il est vrai, répondit Julien, que j'ai rencontré Votre Majesté chez M. Chiffinch, et je crains d'avoir eu le malheur de lui déplaire; mais.....

— Brisons sur cela, jeune homme, brisons sur cela. Mais je me souviens que vous aviez avec vous cette jolie syrène dansante..... Buckingham, je vous parie de l'or contre de l'argent que c'était elle qui devait être dans la caisse du violoncelle.

— Votre Majesté a deviné juste, répondit le duc, et je soupçonne qu'elle m'a joué le tour d'y mettre le nain à sa place, car Christian.....

— Au diable ce Christian, dont le nom se mêle partout! s'écria Charles. Je voudrais qu'on me l'amenât en ce moment.

A peine avait-il énoncé ce désir qu'on annonça l'arrivée de Christian.

— Qu'on le fasse entrer, dit le roi. Mais il me vient une idée. Écoutez-moi, M. Peveril : cette danseuse qui vous a servi d'introductrice auprès de nous par son agilité singulière n'est-elle pas, suivant vous, au service de la comtesse de Derby?

— Je l'ai connue pendant plusieurs années chez Sa Grace, sire.

— Eh bien, qu'on fasse venir la comtesse. Il faut que je sache qui est cette petite fée, et si elle est maintenant complètement à la disposition de Buckingham et de ce Christian. D'ailleurs il est bon que la comtesse sache tout ce qui s'est passé, attendu que je doute qu'elle se soucie beaucoup de la garder à son service. Ensuite, dit-il à part, ce Julien, qui se rend suspect dans cette affaire par son obstination à garder le silence, fait aussi partie de la maison de la comtesse. Je veux voir clair dans cette affaire, et rendre justice à qui de droit.

La comtesse de Derby, qu'on avait avertie sur-le-champ, entra par une porte, tandis que Christian arrivait par l'autre, accompagné de Zarah ou Fenella. Sir Geoffrey, qui s'était alors rapproché du roi, mourait d'envie d'aller saluer son ancienne amie, et le respest dû à la présence du souverain aurait à peine pu l'en empêcher. Mais Ormond lui passa charitablement la main sous le bras pour le retenir, et le vieux chevalier se soumit avec résignation à cette contrainte amicale.

La comtesse, après avoir fait au roi une profonde révérence, et un salut gracieux aux seigneurs qui l'entouraient, adressa un sourire à Julien, et parut surprise de l'apparition inattendue de Fenella. Buckingham se mordit les lèvres, car il vit que la présence de lady Derby allait déranger tous ses préparatifs de défense, et il jeta un regard sur Christian, dont les yeux, fixés sur la comtesse, lançaient des éclairs de fureur comme ceux de la vipère, et dont le front était presque noir par suite d'une rage concentrée.

— Y a-t-il ici quelqu'un que vous reconnaissiez, milady, lui demanda le roi d'un ton gracieux, outre vos anciens amis, Ormond et Arlington?

— J'aperçois, sire, répondit la comtesse, deux anciens amis de la maison de mon mari, sir Geoffrey Peveril du Pic et son fils, ce dernier étant un membre distingué de la maison de mon fils.

— Et vous ne reconnaissez nulle autre personne? lui demanda le roi.

— Une malheureuse jeune fille faisant partie de ma maison, et qui a disparu de l'île de Man le jour même que Julien Peveril en est parti pour affaires importantes. On a cru qu'elle était tombée dans la mer du haut du rocher.

— Pardon si je vous fais une telle question, milady; mais ne vous êtes-vous jamais aperçue qu'il y eût quelques rapports trop intimes entre ce Julien Peveril et votre jeune suivante?

— Sire, répondit la comtesse en rougissant d'indignation, la réputation de ma maison.....

— Ne vous fâchez pas, comtesse; je voulais seulement savoir..... De pareilles choses arrivent dans les familles les mieux réglées.

— Pas dans la mienne, sire. D'ailleurs Julien Peveril

a trop de fierté, trop d'honneur, pour avoir une intrigue avec une malheureuse créature que des infirmités naturelles semblent avoir séparée du reste des hommes.

Zarah jeta un regard sur elle, et serra les lèvres, comme pour retenir les paroles qu'elle avait envie de prononcer.

— Je ne sais qu'en penser, dit le roi. Ce que vous me dites peut être vrai, quant au fond; mais il y a des hommes qui ont des goûts bizarres. Cette jeune fille disparaît de l'île de Man, dès que Julien Peveril en part; et à peine est-il arrivé à Londres, qu'on la trouve avec lui, bondissant et dansant dans le parc de Saint-James.

— Dansant! s'écria la comtesse; impossible, sire! elle ne peut danser.

— J'ai dans l'idée, comtesse, dit le roi, qu'elle peut faire plus de choses que vous ne le savez, et que vous ne l'approuveriez.

La comtesse se redressa, et garda un silence d'indignation.

— A peine le jeune Peveril est-il à Newgate, continua le roi, que, suivant le compte qui nous en a été rendu par notre petit et vénérable ami Geoffrey Hudson, cette joyeuse fille s'y trouve aussi. Or, sans chercher à deviner comment elle a pu y entrer, je crois charitablement qu'elle avait trop bon goût pour y aller à cause du nain. Ah! ah! maître Julien, il paraît que votre conscience vous dit quelque chose?

Il était vrai que Julien avait tressailli en entendant le roi parler ainsi, car il s'était rappelé les visites mystérieuses et nocturnes qu'il avait reçues dans sa prison.

Le roi fixa les yeux sur lui, et continua en ces termes:

— Eh bien, messieurs, ce même Julien est mis en jugement, et il n'a pas plus tôt obtenu sa liberté, que nous le trouvons dans la maison où le duc de Buckingham préparait ce qu'il appelle un concert, un divertissement. Sur mon ame, je regarde comme à peu près certain que cette égrillarde a joué un tour à Sa Grace, et a enfermé le nain dans la caisse du violoncelle, afin de passer son temps plus agréablement avec maître Julien. Qu'en pense Christian, l'homme dont le nom se trouve partout? Pense-t-il que ma conjecture soit fondée?

Christian jeta sur Zarah un regard à la dérobée, et lut dans ses yeux quelque chose qui l'embarrassa.

— Je ne sais trop qu'en dire, répondit-il. Il est bien vrai que j'avais engagé cette danseuse sans égale pour jouer un rôle dans le divertissement. Elle devait paraître au milieu du feu d'artifice adroitement préparé avec des parfums pour neutraliser l'odeur de la poudre; mais je ne sais pourquoi elle a tout gâté en mettant à sa place ce vilain nain, si ce n'est qu'elle est volontaire et capricieuse comme tous les grands génies.

— Je voudrais bien, dit le roi, voir cette jeune fille s'avancer, et faire sa déclaration de la manière qu'elle le pourra sur cette affaire mystérieuse. Y a-t-il ici quelqu'un qui puisse expliquer ses gestes?

Christian dit qu'il y comprenait quelque chose depuis qu'il avait fait sa connaissance à Londres.

La comtesse garda le silence; mais le roi lui ayant adressé la parole, elle répondit, d'un ton un peu sec, qu'elle avait nécessairement quelques moyens habituels de communication avec une jeune fille qui avait été près de sa personne pendant tant d'années.

— D'après tout ce que nous savons, dit Charles, je suis porté à croire que maître Julien a une clef plus sûre du langage de cette muette.

Le roi jeta les yeux en même temps d'abord sur Peveril, qui rougit, comme une jeune fille, de ce que la remarque du roi donnait à entendre, et ensuite sur la prétendue muette, sur les joues de laquelle s'était élevée aussi une faible rougeur, qui commençait déjà à en disparaître.

Un moment après, à un signal de la comtesse, Fenella ou Zarah s'avança, fléchit un genou devant elle, lui baisa la main, et se tint les bras croisés sur sa poitrine, avec un air d'humilité qui établissait autant de différence entre ce qu'elle était alors et ce qu'elle avait paru dans le harem du duc de Buckingham, qu'il en existe entre une Magdeleine et une Judith. Ce fut pourtant la moindre preuve qu'elle donna de la versatilité de ses talens, car elle joua si parfaitement le rôle de muette, que Buckingham, avec toute sa pénétration, resta incertain si la jeune fille qu'il avait sous les yeux était la même qui, sous un autre costume, avait fait une telle impression sur son imagination, ou si elle était véritablement l'être privé des dons les plus précieux de la nature, qu'elle représentait en ce moment. On remarquait en elle tous les signes qui caractérisent la privation de l'ouïe, et tout ce qui prouve l'adresse merveilleuse avec laquelle la nature sait quelquefois la réparer : aucun son ne faisait trembler ses lèvres ; rien de ce qui se disait autour d'elle ne semblait lui faire la moindre impression ; mais son œil vif et plein de feu paraissait vouloir dévorer les sons dont elle ne pouvait juger que par le mouvement des lèvres.

Interrogée par la comtesse, à sa manière, Zarah confirma l'histoire de Christian dans tous les points, et avoua qu'elle avait dérangé le projet de divertissement en enfermant le nain dans la caisse qu'elle devait occuper. Elle refusa de faire connaître pourquoi elle avait agi ainsi, et la comtesse n'insista pas davantage sur ce point.

— Tout ici tend à disculper le duc de Buckingham d'une accusation si absurde, dit Charles : la déclaration du nain se perd dans les nues, celle des deux Peverils ne porte en rien contre le duc, et celle de la muette achève de prouver qu'il n'est nullement coupable. Il me semble, milords, que nous devons l'informer qu'il est déchargé d'un soupçon vraiment trop ridicule pour mériter une information plus sérieuse que celle que nous venons de faire à la hâte.

Arlington inclina la tête pour indiquer qu'il partageait cette opinion ; mais Ormond crut devoir exprimer la sienne. — Sire, dit-il, je me perdrais de réputation dans l'esprit d'un homme doué de talens aussi brillans que le duc de Buckingham, si je disais que je suis satisfait des explications que nous venons de recevoir. Mais je cède à l'esprit du temps, et je sens qu'il serait dangereux, sur des chefs d'accusation tels que ceux que nous avons pu recueillir, de mettre en jugement un zélé protestant comme Sa Grace..... S'il avait été catholique, rendu suspect par tant de circonstances, la Tour eût été pour lui une prison trop honorable.

Buckingham salua le duc d'Ormond d'un air menaçant, que son triomphe même ne put déguiser. — *Tu me la pagherai* (1), murmura-t-il du ton de la haine

(1) Tu me le paieras. — Éd.

la plus profonde. Mais le vieil Irlandais, qui avait déjà bien des fois bravé son ressentiment, s'inquiétait peu d'y être exposé en cette occasion.

Le roi, ayant fait signe aux autres seigneurs qui l'entouraient de passer dans les appartemens ouverts au public, arrêta Buckingham, qui se disposait à les suivre; et, le tirant à l'écart, il lui demanda d'un ton expressif qui fit rougir le duc jusqu'au blanc des yeux, depuis quand son utile ami, le colonel Blood, était devenu musicien. — Vous gardez le silence? N'essayez pas de nier ce fait, car on ne peut oublier la physionomie de ce scélérat, quand on l'a vu une seule fois. A genoux, Georges, à genoux, et reconnaissez que vous avez abusé de mon caractère indulgent. Ne cherchez pas d'excuse: aucune ne peut vous servir. Je l'ai reconnu moi-même parmi vos musiciens allemands, comme vous les nommez; et vous savez ce que je dois en conclure.

— Croyez donc que j'ai été coupable, très-coupable, sire, s'écria le duc, pressé par sa conscience, en se jetant aux pieds de Charles; croyez que j'ai été égaré par de mauvais conseils; que j'ai été fou; croyez tout ce qu'il vous plaira; mais ne me soupçonnez pas d'avoir été auteur ou complice d'aucun attentat contre votre personne.

— Je ne vous en soupçonne pas. Je vois encore en vous, Villiers, le compagnon de mes dangers et de mon exil; et, bien loin de vous soupçonner d'intentions plus criminelles que celles que vous avouez, je crois même que vos aveux vont au-delà de vos véritables intentions.

— Par tout ce qu'il y a de plus sacré, sire, si ma

fortune, ma vie, mon honneur, n'eussent été à la merci de ce scélérat de Christian.....

— Ah! si vous ramenez encore ce Christian sur la scène, dit le roi, il est temps que j'en disparaisse. Levez-vous, Villiers, je vous pardonne. Je vous imposerai seulement une pénitence, la malédiction que vous avez prononcée vous-même contre un chien qui vous mordait. Mariez-vous, et retirez-vous dans une de vos terres.

Le duc se releva d'un air d'accablement, et suivit le roi dans les appartemens où toute sa cour était assemblée. Charles y entra, la main appuyée sur l'épaule du duc, et en lui parlant avec tant d'affabilité, que la plupart des courtisans, même les plus fins observateurs, doutèrent qu'il y eût aucun fondement aux bruits injurieux à Buckingham, qui commençaient à se répandre.

La comtesse de Derby avait profité de cet intervalle pour tenir une consultation avec le duc d'Ormond, les deux Peverils et quelques autres amis; et, d'après leur avis unanime, elle se laissa persuader, quoique avec beaucoup de difficulté, qu'elle avait suffisamment assuré l'honneur de sa maison en se montrant ainsi à la cour, et que ce qu'elle avait alors de mieux à faire était de rentrer dans son île, sans attirer davantage sur elle le ressentiment d'une faction puissante. Elle prit donc congé du roi, et lui demanda la permission d'emmener avec elle la pauvre créature sans appui qui avait si étrangement disparu de l'île de Man, et que sa malheureuse situation exposait à éprouver toutes sortes d'infortunes dans un monde où elle se trouverait sans protection.

— Me pardonnerez-vous, comtesse? lui dit Charles.

J'ai étudié long-temps votre sexe, et je suis bien trompé si cette jeune fille n'est pas en état de se suffire à elle-même aussi bien qu'aucun de nous.

— Impossible! s'écria la comtesse.

— Aussi possible que vrai, répondit le roi à voix basse; et je vous convaincrai du fait, comtesse, quoique l'expérience soit trop délicate pour pouvoir être faite par toute autre que vous. Vous la voyez là-bas, en apparence aussi sourde que le pilier de marbre sur lequel elle est appuyée. Eh bien, si lady Derby veut essayer de placer sa main sur les régions voisines du cœur de sa jeune suivante, ou du moins sur son bras, de manière à sentir la pulsation redoublée de ses artères quand elle éprouvera quelque agitation, et que vous, duc d'Ormond, vous vouliez écarter Julien Peveril sous quelque prétexte, je vous prouverai qu'il existe des sons qui peuvent l'émouvoir.

La comtesse, fort surprise, craignant quelque plaisanterie embarrassante de la part de Charles, et ne pouvant cependant réprimer sa curiosité, alla se placer près de Fenella, comme elle nommait sa petite muette, et, en s'entretenant par signes avec elle, elle réussit à lui placer la main sur le poignet.

En ce moment le roi passa près d'elle, et s'écria : — Quel horrible crime! ce scélérat de Christian vient de poignarder le jeune Peveril!

La preuve muette que donna le pouls, qui bondit comme si un coup de canon eût retenti aux oreilles de la pauvre fille, fut accompagné d'un tel cri de détresse, que le bon monarque en tressaillit, et fut presque fâché de son épreuve. — Ce n'est qu'une plaisanterie, ma jolie fille, dit-il : Julien se porte bien. Je n'ai fait que me servir de la baguette d'un petit dieu aveugle nommé Cupidon, pour rendre à une de ses vassales, sourde et muette, l'usage de ses facultés.

— Je me suis trahie! dit-elle les yeux baissés, je me suis trahie, et il était juste que celle qui a passé toute sa vie à trahir les autres se laissât prendre dans ses propres filets. Mais où est mon maître en iniquité? Où est Christian, qui m'a fait jouer le rôle d'espion près de cette dame trop confiante, presqu'au point de la livrer entre ses mains sanguinaires?

— Oh! oh! dit le roi, ceci demande un examen plus secret. Que tous ceux qui n'ont pas un intérêt direct dans cette affaire sortent de cet appartement, et qu'on m'amène à l'instant ce Christian.

— Misérable, s'écria-t-il dès qu'il le vit paraître, dévoilez-moi à l'instant toutes les ruses auxquelles vous avez eu recours, et les moyens extraordinaires que vous avez employés.

— Elle m'a donc trahi! dit Christian, elle m'a livré aux fers et à la mort pour satisfaire une folle passion, une passion sans espoir! Mais apprenez, Zarah, continua-t-il en jetant sur elle un regard sombre, apprenez qu'en me conduisant à la mort vous aurez assassiné votre père.

La malheureuse fille le regarda d'un air égaré, sans avoir la force de lui répondre. — Vous m'aviez dit, s'écria-t-elle enfin, que j'étais fille de votre frère, qui avait perdu la vie par ordre de cette dame.

— C'était pour vous décider à jouer le rôle que je vous destinais dans le drame de ma vengeance, autant que pour cacher ce que les hommes appellent l'ignominie de votre naissance. Mais vous êtes bien véritablement ma fille, et c'est du climat oriental sous lequel votre mère est née que vous avez reçu ces passions indomptables dont j'ai tenté de profiter, mais dont le torrent, se creusant un autre lit, a causé la perte de votre père. Je vais sans doute être conduit à la Tour?

Il parla ainsi avec le plus grand calme, et sans paraître faire attention au désespoir de sa fille, qui s'était jetée à ses pieds en pleurant et en sanglotant.

— Cela ne peut être, dit le roi, ému de compassion en voyant cette scène touchante. Christian, si vous consentez à quitter ce pays, il y a sur la Tamise un navire prêt à mettre à la voile pour la Nouvelle-Angleterre. Allez porter vos intrigues dans d'autres climats.

— Je pourrais appeler de cette sentence, dit Christian avec audace, et si je m'y soumets, c'est parce que c'est ce que j'avais déjà résolu de faire. Une demi-heure pouvait me mettre en état de payer mes dettes à cette femme orgueilleuse; mais la fortune s'est déclarée contre moi. Lève-toi, Zarah, car tu n'es plus Fenella; dis à la comtesse de Derby que si la fille d'Edouard Christian, la nièce de la victime qu'elle a assassinée, s'est abaissée jusqu'à entrer à son service, ce n'était que par un espoir de vengeance, déçu par malheur. Tu reconnais ta folie maintenant. Tu voulais suivre un jeune homme ingrat, abandonner toute autre pensée pour obtenir de lui la plus légère marque d'attention; et à présent te voilà repoussée, proscrite, méprisée et insultée par ceux que tu aurais pu fouler aux pieds si tu t'étais conduite avec plus de prudence. N'importe, tu n'en es pas moins ma fille. Suis-moi, il y a d'autres astres que ceux qui brillent sur la Grande-Bretagne.

— Arrêtez-le! s'écria le roi. Il faut qu'il nous dise par quels moyens sa fille a pu s'introduire dans nos prisons.

— Demandez-le à votre protestant geôlier, dit Christian, et à vos pairs très-protestans, qui, pour obtenir une parfaite connaissance de ce qu'on appelle la conspiration des papistes, ont su trouver des moyens pour arriver, de nuit ou de jour, près des prisonniers. Si Votre Majesté désire faire une telle enquête, Sa Grace le duc de Buckingham pourrait lui être d'un grand secours.

— Christian, lui dit le duc, tu es le scélérat le plus effronté que la terre ait jamais porté.

— Vous pouvez avoir raison, répondit Christian, si vous en exceptez certains pairs.

Et à ces mots, il se retira et emmena sa fille.

— Suivez-le, Selby, dit le roi, et ne le perdez pas de vue jusqu'à ce que le bâtiment mette à la voile. S'il ose reparaître en Angleterre, ce sera à ses risques et périls. Plût au ciel que nous pussions nous débarrasser ainsi d'autres gens qui ne sont pas moins dangereux! Et je voudrais aussi, ajouta-t-il après un moment de silence, que toutes nos intrigues, toutes nos commotions politiques, se terminassent aussi tranquillement que l'affaire qui vient de nous occuper. Voici une conspiration qui n'a pas coûté une goutte de sang, et tous les élémens d'un roman, sans son dénoûment ordinaire. Une souveraine errante, — pardon, comtesse de Derby; un nain, une magicienne de Mauritanie, un scélérat inaccessible au repentir, un grand seigneur contrit et pénitent; et, pour conclusion, ni potence, ni mariage.

— Le mariage ne manquera peut-être pas, sire, dit la comtesse, qui avait trouvé quelques instans pendant la soirée pour causer avec Julien Peveril : il existe un certain major Bridgenorth dont l'intention était de rester en Angleterre pour se soumettre aux poursuites que Votre Majesté pourrait ordonner relativement à l'affaire qui vient de vous occuper; mais qui, si votre volonté est qu'il n'y en ait aucune, a dessein, comme j'en suis informée, de quitter ce pays pour toujours. Or, ce Bridgenorth est actuellement en possession légale de presque tous les anciens domaines de la famille Peveril, et il désire les rendre aux anciens propriétaires, en y ajoutant d'autres biens très-considérables, sous la condition que notre jeune Julien les recevra comme la dot de sa fille unique.

— Sur ma foi, dit le roi, il faudrait que la jeune fille fût bien laide pour que Julien eût besoin d'être beaucoup pressé à de pareilles conditions.

— Ils s'aiment comme des amans du siècle dernier, dit la comtesse, mais le vieux chevalier ne peut souffrir l'idée d'une alliance avec une Tête-Ronde.

— Notre recommandation royale arrangera tout cela, dit Charles. Sir Geoffrey Peveril a tant perdu pour notre service, qu'il est impossible qu'il refuse d'avoir égard à notre intercession, quand elle aura pour but de l'indemniser de toutes ses pertes.

On peut supposer que le roi ne parlait pas ainsi sans connaître l'ascendant illimité qu'il avait sur l'esprit du vieux Cavalier; car, un mois après, les cloches de Martindale-Moultrassie sonnèrent à double carillon pour célébrer l'union des deux familles dont les domaines avaient donné leur nom à ce village; et le fanal de la tour du château, jetant une lumière qui se répandit à travers les vallées et au-dessus des montagnes, invita à la joie tout ce qui habitait à vingt milles à la ronde.

FIN DE PEVERIL DU PIC.

ŒUVRES COMPLÈTES
DE
SIR WALTER SCOTT.

Cette édition sera précédée d'une notice historique et littéraire sur l'auteur et ses écrits. Elle formera soixante-douze volumes in-dix-huit, imprimés en caractères neufs de la fonderie de Firmin Didot, sur papier jésus vélin superfin satiné; ornés de 72 *gravures en taille-douce* d'après les dessins d'Alex. Desenne; de 72 *vues* ou *vignettes* d'après les dessins de Finden, Heath, Westall, Alfred et Tony Johannot, etc., exécutées par les meilleurs artistes français et anglais; de 30 *cartes géographiques* destinées spécialement à chaque ouvrage; d'une *carte générale de l'Écosse*, et d'un *fac-simile* d'une lettre de Sir Walter Scott, adressée à M. Defauconpret, traducteur de ses œuvres.

CONDITIONS DE LA SOUSCRIPTION.

Les 72 volumes in 18 paraîtront par livraisons de 3 volumes de mois en mois; chaque volume sera orné d'une *gravure en taille-douce* et d'un titre gravé, avec une *vue* ou *vignette*, et chaque livraison sera accompagnée d'une ou deux *cartes géographiques*.

Les *planches* seront réunies en un cahier séparé formant atlas.

Le prix de la livraison, pour les souscripteurs, est de 12 fr. et de 25 fr. avec les gravures avant la lettre.

Depuis la publication de la 3e livraison, les prix sont portés à 15 fr. et à 30 fr.

ON NE PAIE RIEN D'AVANCE.

Pour être souscripteur il suffit de se faire inscrire à Paris

Chez les Éditeurs:

CHARLES GOSSELIN, LIBRAIRE
DE S. A. R. M. LE DUC DE BORDEAUX,
Rue St.-Germain-des-Prés, n. 9.

A. SAUTELET ET Cº,
LIBRAIRES,
Place de la Bourse.

www.ingramcontent.com/pod-product-compliance
Lightning Source LLC
Chambersburg PA
CBHW070645170426
43200CB00010B/2130